Erntefrisch

Erntefrisch

Saisonal kochen und verarbeiten

Jan Thorbecke Verlag

Aus dem Englischen übersetzt von Renate Christ

Alle Rechte vorbehalten
© der deutschen Ausgabe 2013 Jan Thorbecke Verlag der
Schwabenverlag AG, Ostfildern
www.thorbecke.de

© der Originalausgabe mit dem Titel „Home-grown harvest" 2011 erschienen
bei Ryland Peters & Small, London
© Text Ghillie Basan, Fiona Beckett, Celia Brooks Brown, Maxine Clark, Ross
Dobson, Tonia George, Brian Glover, Amanda Grant, Annie Nichols, Jane
Noraika, Louise Pickford, Isidora Popovic, Sarah Randall, Annie Rigg, Jennie
Shapter, Fiona Smith, Sonia Stevenson, Linda Tubby, Sunil Vijayakar, Fran
Warde, Laura Washburn, Linda Wildsmith und Ryland Peters & Small, Design
und Fotografie Ryland Peters & Small 2009

Umschlaggestaltung: Finken & Bumiller, Stuttgart
Gedruckt in China
ISBN 978-3-7995-0739-4

Allgemeine Hinweise

- Wenn nicht anders angegeben, beziehen sich alle Mengenangaben in Löffeln auf gestrichene Löffel.
- Wenn nicht anders angegeben, werden für die Rezepte mittelgroße Eier verwendet. Rohe oder nicht vollständig durchgegarte Eier sollten kleinen Kindern, alten Menschen, Menschen mit geschwächtem Immunsystem und Schwangeren nicht zum Verzehr angeboten werden.
- Maß- und Gewichtsangaben wurden nach oben oder unten leicht abgerundet, um das Abmessen und -wiegen zu vereinfachen.
- Wenn für ein Rezept die geriebene Schale einer Zitrusfrucht benötigt wird, sollten Sie unbehandelte Früchte kaufen und sie vor Gebrauch gründlich waschen. Wenn Sie nur behandelte Früchte finden können, bürsten Sie sie in warmem Wasser mit Seife gut ab, bevor Sie sie verwenden.
- Backöfen sollten auf die entsprechende Temperatur vorgeheizt werden. Wenn Sie einen Umluftherd verwenden, sollten Sie die Garzeit entsprechend der Gebrauchsanweisung des Herstellers verringern.
- Um Einmachgläser zu sterilisieren, waschen Sie sie in heißem Wasser mit Geschirrspülmittel und spülen Sie sie mit kochendem Wasser ab. Stellen Sie sie in einen großen Topf und bedecken Sie sie mit heißem Wasser. Legen Sie den Deckel auf, bringen Sie das Wasser zum Kochen und lassen Sie es 15 Minuten lang kochen. Schalten Sie den Herd ab und lassen Sie die Gläser im heißen Wasser, bis Sie sie füllen möchten. Stellen Sie die Gläser zum Trocknen mit der Öffnung nach unten auf ein sauberes Geschirrtuch. Sterilisieren Sie die Deckel, indem Sie sie 5 Minuten lang kochen. Die Gläser sollten gefüllt und verschlossen werden, solange sie noch heiß sind.

Inhalt

Einführung

Eigenes Obst und Gemüse anzubauen, ist ungemein befriedigend – und ist gerade wieder in Mode. Gärtner fangen wieder an, neben schönen Zierpflanzen auch essbare Pflanzen in die Gärten zu integrieren. Sogar in den Innenstädten, in denen Platz rar ist, genießen viele Städter neben der eigenen schmackhaften Ernte, dass sie sich in dieser Idylle vom hektischen Alltag erholen können. Für diejenigen ohne gärtnerische Ambitionen gibt es – besonders in Städten – eine wachsende Zahl an Bauernmärkten, auf denen man vor Ort die frischesten Produkte direkt vom Erzeuger kaufen und mit ihm selbst über die beste Zubereitungsart der jungen Karotten oder der köstlichen, erdigen Kartoffeln sprechen kann.

Diese zunehmende Beliebtheit von selbst oder regional angebauten Erzeugnissen ist ein Anzeichen für einen äußerst positiven Wandel der Einstellung gegenüber Lebensmitteln und weist auf eine wachsende Gegenreaktion gegen einen globalen, profitorientierten Lebensmittelhandel, der unter Missachtung von Umwelt und Jahreszeit produziert. Weitgereiste Lebensmittel schmecken oft nach nichts: Sie wurden zu früh geerntet und im Kühlwagen transportiert, wodurch der Reifeprozess gestoppt wurde. Im Winter gekaufte Tomaten können zäh, mehlig und fade sein – kein Vergleich zu den dunkelroten, süßen, duftenden Tomaten, die im Hochsommer vom Strauch gepflückt werden. Viele Nährstoffe, die zum Zeitpunkt der Ernte in der Frucht enthalten sind, gehen auf der langen Reise vom Feld zum Teller verloren.

Eigenes Obst und Gemüse dagegen wird mit Achtung vor der Umwelt angebaut – und das kann man schmecken. Es bereitet Vergnügen, das zu essen, was gerade Saison hat: Wenn man die natürliche Ordnung der Jahreszeiten stärker respektiert, führt das zu einem wunderbaren Resultat auf dem Teller. Aber nicht nur das: Wenn man Zeit in den Garten investiert, kann man seine Ausgaben reduzieren.

Wahrscheinlich rennen wir jedoch mit dieser Aussage bei Ihnen, die Sie dieses Buch in Händen halten, offene Türen ein. In Ihrem Schrebergarten, Gemüsebeet und Blumenkasten wachsen vermutlich schon frisches Obst und Gemüse in Hülle und Fülle. Nur wissen Sie manchmal nicht so recht, was Sie mit ihren Erzeugnissen noch anfangen sollen. Zu den Schattenseiten des Anbaus von eigenem Obst und Gemüse gehören die Déjà-vu-Erlebnisse bei den Mahlzeiten, denn es ist oft schwierig, neue Ideen zu bekommen. Wer selbst anbaut, gewöhnt es sich bald an, dem Besuch eine Tasche mitzugeben, die vollgepackt ist mit Obst oder Gemüse, dessen man überdrüssig geworden ist oder das einfach nicht rechtzeitig verbraucht werden kann.

Hier kann „Erntefrisch" helfen. Es bietet Ihnen Rezepte für all Ihr Lieblingsobst und -gemüse und sorgt so dafür, dass Sie nicht immer wieder das Gleiche kochen müssen, um Ihre Erzeugnisse aufzubrauchen. Da die meisten vor Ort angebauten Gemüsesorten dann geerntet werden können, wenn sie am besten schmecken, sind viele der Rezepte unkompliziert und lassen den Geschmack der Produkte für sich selbst sprechen.

Das Buch ist als einfaches Nachschlagewerk gestaltet, die Rezepte sind nach Obst- und Gemüsesorten sortiert. Vergessen Sie nicht, auch im Register nach Rezepten zu suchen, weil viele Erzeugnisse nicht nur in ihrem eigenen Kapitel behandelt werden, sondern auch in Kombination mit anderem Obst und Gemüse. Und beachten Sie auch die praktischen Tipps, wie sie die Früchte Ihrer Arbeit zubereiten, lagern und richtig genießen können.

Wurzel- und Knollengemüse

Stampfkartoffelauflauf mit Speck, Lauch und Käse
Kartoffel-Pastinaken-Kroketten 🌿 **Indisches Kartoffelcurry mit Toor Dal** 🌿 Kartoffeltortilla mit roter Paprikatapenade
Gebackene Kartoffeln 🌿 Ziehharmonikakartoffeln mit Lorbeer
Kartoffelgratin 🌿 Rösti-Ecken 🌿 **Süßkartoffel-Kokos-Suppe mit Thai-Pesto** 🌿 Sesam-Süßkartoffel mit Erdnussdip 🌿 **Salat mit gerösteten Süßkartoffeln und Macadamianüssen** 🌿 Süßkartoffel-Tajine mit Schalotten und Karotten 🌿 **Süßkartoffel-Hähnchen-Auflauf**
Scharfe Karottensuppe 🌿 **Geröstete Karotten mit Graupenrisotto**
Mit Madeira glasierte Ofenkarotten 🌿 **Scharfer Karottendip**
Karotten mit Sahne und Kräutern 🌿 **Vichy-Karotten mit frischem Ingwer** 🌿 Karotten-Walnuss-Kuchen mit Frischkäsefüllung
Kastanien-Pastinaken-Suppe mit Chorizo 🌿 Pastinaken-Apfel-Suppe mit Thymian 🌿 **Tarte mit gerösteten Pastinaken, Karotten und Schalotten** 🌿 Rote-Bete-Rindfleisch-Tajine mit Orangen
Kardinalssalat 🌿 Rote-Bete-Chutney mit Fenchel und Apfel
Rote-Bete-Meerrettich-Relish 🌿 Schokoladenküchlein mit Roter Bete und Kirschen

Wenn Sie dieses Jahr viele Kartoffeln geerntet haben und nach einem Rezept suchen, dann ist der Auflauf genau das Richtige. Speck, Lauch und Käse geben ein perfektes Trio ab, aber Sie können für dieses vielseitige Gericht so ziemlich alles verwenden. Auf jeden Fall sollten Sie zumindest Kartoffeln, Käse und etwas Grünes haben – ansonsten ist alles erlaubt! Die Kroketten gelingen besonders gut mit mehligen Kartoffeln. Die Pastinake fügt dem Ganzen eine bitter-süße Note hinzu.

Stampfkartoffelauflauf mit Speck, Lauch und Käse

1 kg mehlige Kartoffeln, geschält

2 EL Olivenöl

1 Zwiebel, fein gehackt

2 dünne Stangen Lauch, in feine Scheiben geschnitten

90 g Schinkenspeck oder Pancetta, gewürfelt

30 g Butter

250 ml Milch oder Sahne (oder halb und halb)

1 Ei, verquirlt

1 Pr Paprikapulver

1 große Handvoll frische Petersilienblätter, gehackt

90 g Hartkäse, z. B. Gruyère, gerieben

Meersalz und frisch gemahlener schwarzer Pfeffer

1 runde Auflaufform mit 24 cm Durchmesser, gut gebuttert

4–6 Portionen

Die Kartoffeln je nach Größe halbieren oder vierteln; die Stücke sollten ungefähr gleich groß sein. In einem großen Topf mit kaltem Wasser bedecken, gut salzen und zum Kochen bringen. Ca. 20 Minuten sieden lassen, bis sie weich sind.

In der Zwischenzeit das Öl in einer Bratpfanne auf niedriger Stufe erhitzen. Die Zwiebel und den Lauch in ca. 10 Minuten weich dünsten. Den Speck dazugeben und 3–5 Minuten lang mitbraten, bis er Farbe angenommen hat. Salzen und beiseite stellen.

Den Backofen auf 190 °C vorheizen. Die Kartoffeln abgießen und grob zerstampfen, Milch und Butter untermischen. Gut würzen und das Ei hinzufügen. Alles gründlich miteinander verrühren.

Die Lauchmischung, das Paprikapulver, die Petersilie und die Hälfte des Käses unter die Kartoffelmasse mischen. In die Auflaufform füllen und gleichmäßig verstreichen. Mit dem restlichen Käse bestreuen und im vorgeheizten Backofen 35–45 Minuten lang backen, bis der Auflauf gut gebräunt ist. Sofort servieren.

Kartoffel-Pastinaken-Kroketten

500 g Kartoffeln, geschält und geviertelt

1 Pastinake, geschält und geviertelt

25 g Butter und 1 EL zum Braten

2 EL fein gehackte frische Petersilie

2 Eier

100 g Semmelbrösel von einem Brot vom Vortag

2 EL Mehl zum Bestäuben

Pflanzenöl zum Ausbacken

Meersalz und frisch gemahlener schwarzer Pfeffer

Süßer Senf zum Servieren

Ergibt 18 Kroketten

Die Kartoffeln und die Pastinake in einem großen Topf mit kochendem Wasser bedecken. Bei starker Hitze in 12–15 Minuten weich kochen. Abgießen und zurück in den Topf geben. Die Butter hinzufügen und das Gemüse gründlich zerstampfen. Die Petersilie unterrühren, salzen und pfeffern. Zugedeckt im Kühlschrank erkalten lassen.

Die Eier aufschlagen und in einer Schüssel gründlich verquirlen. Die Semmelbrösel in eine zweite Schüssel füllen. Die Arbeitsfläche mit ein wenig Mehl bestäuben. 1 gehäuften Esslöffel der Kartoffelmasse mit leicht bemehlten Händen zu einer kleinen Wurst formen. Die Enden abflachen. Die Krokette zunächst in das verquirlte Ei tauchen und anschließend in den Semmelbröseln wälzen. Auf ein mit Backpapier ausgelegtes Backblech legen. Diesen Vorgang so lange wiederholen, bis die Kartoffelmasse aufgebraucht ist. Bis zum Backen kalt stellen.

1 Esslöffel Butter in eine Bratpfanne geben und diese zur Hälfte mit Öl füllen. Die Pfanne auf mittlerer Stufe erhitzen, bis die Butter anfängt zu zischen. Das Öl ist heiß genug, wenn probeweise hineingestreute Semmelbrösel im Öl zischen. Die Kroketten portionsweise unter häufigem Wenden 2–3 Minuten lang backen, bis sie goldbraun und knusprig sind. Mit einem Schaumlöffel aus dem Öl heben und auf Küchenpapier abtropfen lassen. Noch warm mit Senf servieren. **Abbildung auf Seite 50.**

Indisches Kartoffel-curry mit Toor Dal

125 g gelbe Linsen

3 EL Pflanzenöl

½ TL Senfkörner

½ TL Bockshornkleesamen

1 TL geriebener frischer Ingwer

1 TL gepresster Knoblauch

1 TL Chilipulver

1½ TL gemahlener Koriander

½ TL Kurkuma

4 Tomaten, gehäutet und klein geschnitten

1 TL Salz

750 g mehlige Kartoffeln, in 2 cm große Stücke geschnitten

Meersalz und frisch gemahlener schwarzer Pfeffer

Zum Servieren

2 EL frisch gehackte Koriander-blätter und ein paar Zweige zusätzlich

½ TL Garam Masala

Basmatireis

4 Portionen

Die Linsen mehrmals mit frischen Wasser gründlich waschen. Das Öl in einem großen Topf auf niedriger Stufe erhitzen. Die Senfkörner und die Bockshornkleesamen hinzufügen. Wenn sie anfangen aufzuspringen, den Ingwer und den Knoblauch zugeben und 30 Sekunden lang anschwitzen.

Chilipulver, Koriander und Kurkuma dazugeben und unter Rühren weitere 30 Sekunden lang braten. Tomaten und Linsen in den Topf geben, mit 600 ml Wasser bedecken, salzen und aufkochen. Die Hitze reduzieren und das Ganze zugedeckt 20–30 Minuten lang köcheln lassen, bis die Linsen gerade weich sind.

Die Kartoffelstücke hinzufügen und bei milder Hitze 10–15 Minuten lang mitköcheln lassen, bis sie weich sind. Salzen und pfeffern.

Mit gehacktem Koriander, Garam Masala und den Koriander-zweigen bestreut servieren. Als Beilage eignet sich Basmatireis.

Kartoffeln lassen sich hervorragend aromatisch wür-zen, wie beispielsweise in diesem Curry, das auch durch die Linsen zu einer herzhaften Mahlzeit wird. Die Tortilla bekommt durch den cremigen Taleggio einen intensiven Geschmack und sorgt dafür, dass sie als Vorspeise oder Snack für vier Genießer mehr als ausreichend ist.

Kartoffeltortilla mit roter Paprikatapenade

10–12 kleine festkochende Kartoffeln, in dicke Scheiben geschnitten

1 kleine rote Zwiebel, grob gehackt

1 EL Olivenöl

250 ml Gemüsebrühe

1 Handvoll glatte Petersilie, gehackt

100 g Taleggio-Käse, in grobe Stücke geschnitten

2 Eier, verquirlt

Rote Paprikatapenade

1 große rote Paprikaschote

1 Knoblauchzehe, gehackt

50 g Pinienkerne, leicht geröstet

2 EL Olivenöl

50 g Parmesan, fein gerieben

4 Portionen

Für die Tapenade den Backofen mit Backblech auf 220 °C vor-heizen. Die Paprika auf das Blech legen und im Backofen unter häufigem Wenden ca. 15 Minuten lang rösten, bis die Haut anfängt schwarz zu werden und Blasen wirft. In einen sauberen Plastik-beutel legen und abkühlen lassen. Die Haut abziehen, die Kerne entfernen, das Fruchtfleisch grob hacken und in einen Mixer geben. Den Knoblauch, die Pinienkerne und das Öl hinzufügen und glatt pürieren. In eine Schüssel füllen und den Parmesan gründlich untermischen.

Die Kartoffeln, die Zwiebel und das Olivenöl in einer Pfanne bei starker Hitze 1 Minute lang braten. Die Brühe hinzufügen und ca. 10 Minuten lang kochen lassen, bis die Brühe verdampft ist. Die Petersilie unterrühren und die Käsestücke zwischen den Kar-toffeln verteilen. Die Eier in die Pfanne gießen und alles 2–3 Minu-ten lang braten, bis die Eier anfangen, am Rand aufzugehen. Die Pfanne mehrmals kräftig rütteln, um die Tortilla zu lösen. In der Zwi-schenzeit den Grill auf hoher Stufe vorheizen. Die Tortilla unter dem heißen Grill 1–2 Minuten lang überbacken, bis sie an der Oberseite goldbraun, in der Mitte aber noch weich ist. Etwas von der Tape-nade auf einen Servierteller streichen und die Tortilla vorsichtig auf den Teller gleiten lassen. In 4 Stücke schneiden und mit der rest-lichen Tapenade als Beilage servieren.

Gebackene Kartoffeln

1 kg kleine Kartoffeln, ungeschält und gründlich gebürstet

3 EL Olivenöl

2 Knoblauchzehen, ungeschält und unzerteilt

Ein paar Zweige frischer Rosmarin

4 Portionen

Den Backofen auf 190 °C vorheizen.

Größere Kartoffeln halbieren, damit alle ungefähr gleich groß sind. Die Kartoffeln in einen großen Bräter geben. Mit etwas Olivenöl beträufeln, den Knoblauch und die Rosmarinzweige hinzufügen.

Die Kartoffeln 20 Minuten lang im Backofen backen. Aus dem Ofen nehmen und mit einem Holzlöffel umwenden. Falls die Kartoffeln noch nicht fertig sind, noch etwas länger backen.

Ziehharmonikakartoffeln mit Lorbeer

24 kleine Kartoffeln, ungeschält und gründlich gebürstet

ca. 20 frische Lorbeerblätter, längs halbiert

15 g Butter

3 EL Olivenöl

1–2 Knoblauchzehen, gepresst

Meersalzflocken und frisch gemahlener schwarzer Pfeffer

4–6 Portionen

Den Backofen auf 190 °C vorheizen.

In jede Kartoffel der Länge nach einen Spieß stecken, und zwar ca. 5 mm von der Unterseite aus. Die Kartoffeln mehrmals quer bis zum Spieß einschneiden, zuletzt den Spieß entfernen.

Ein paar Lorbeerblätter in die Kartoffeln stecken. Die Butter im Öl in einem schweren Bräter bei mäßiger Hitze schmelzen lassen. Den Knoblauch einrühren und die Kartoffeln behutsam nebeneinander in den Bräter legen. Unter Rühren in 2–3 Minuten etwas Farbe annehmen lassen, anschließend mit Meersalzflocken und schwarzem Pfeffer würzen.

Die Kartoffeln im vorgeheizten Backofen ca. 25–30 Minuten lang backen, bis sie goldbraun und zart sind. Während des Garens werden sich die Kartoffeln wie ein Fächer öffnen.

Kartoffelgratin

1 kg festkochende Kartoffeln, in dünne Scheiben geschnitten

125 g Parmesan, frisch gerieben

Frisch geriebene Muskatnuss

300 g Crème double

Meersalz und frisch gemahlener schwarzer Pfeffer

1 flache Auflaufform, gebuttert

6 Portionen

Den Backofen auf 160 °C vorheizen.

Die Kartoffelscheiben in die Auflaufform schichten und jede Schicht mit Käse, Muskatnuss, Salz und Pfeffer bestreuen. Mit der Sahne übergießen und mit dem restlichen Parmesan bestreuen. Im vorgeheizten Backofen 1 Stunde lang backen, bis die Kartoffeln gar sind und die oberste Schicht goldbraun und knusprig ist.

Rösti-Ecken

25 g Butter

1 Zwiebel, gehackt

600 g große Kartoffeln, geschält und geraspelt

1 Eiweiß, steif geschlagen

Pflanzenöl zum Frittieren

Meersalz und frisch gemahlener schwarzer Pfeffer

Ergibt 16 Stück

Die Butter in einer Bratpfanne erhitzen, die Zwiebelwürfel hinzufügen und zugedeckt bei milder Hitze weich dünsten.

Die Kartoffelraspeln in einer großen Rührschüssel mit den Zwiebeln vermischen. Den Eischnee unterrühren und großzügig würzen.

Einen großen Topf zu einem Drittel mit Pflanzenöl füllen und dieses auf 190 °C erhitzen (bzw. so lange, bis ein Klecks der Kartoffelmasse innerhalb weniger Sekunden braun wird).

Von der Masse walnussgroße Stücke zu Kugeln rollen, dann flach drücken. Portionsweise 2–3 Minuten lang goldbraun frittieren. Auf Küchenpapier abtropfen lassen und mit Salz zum Bestreuen servieren.

Aus Süßkartoffeln lassen sich hervorragend Suppen mit einer samtigen, cremigen Konsistenz zubereiten. Hier werden ihrer Süße ein paar intensive und scharfe asiatische Aromen entgegengesetzt, und zwar in Form eines thailändischen Pestos, das diese Suppe wahrhaftig zum Leben erweckt.

Süßkartoffel-Kokos-Suppe mit Thai-Pesto

Das Öl in einen schweren Topf geben und bei mittlerer Hitze erhitzen. Die Süßkartoffeln und die Zwiebeln hinzufügen und bei halbgeöffnetem Deckel und unter häufigem Rühren 15 Minuten lang dünsten, bis das Gemüse weich und gerade goldgelb ist. Die Temperatur erhöhen, die Currypaste zugeben und unter Rühren 3–4 Minuten lang mitbraten, bis sie anfängt zu duften. Die Brühe und die Kokosmilch hinzufügen und aufkochen. Die Mischung in einen Mixer füllen und glatt pürieren. Die Suppe in einen sauberen Topf gießen.

Für das Pesto alle Zutaten in einem Mixer so lange pürieren, bis eine gleichmäßige, stückige grüne Paste entstanden ist. Die Suppe behutsam erhitzen und in vorgewärmten Suppenschalen anrichten. Zum Servieren einen großzügigen Löffel des Thai-Pestos in die Suppe geben.

✳ Tipp

Süßkartoffeln sind sehr vielseitig und können bei den meisten Rezepten als Ersatz für Kartoffeln verwendet werden, vor allem die helleren Sorten. Sie sollten an einem kühlen, dunklen, trockenen Ort aufbewahrt werden, aber niemals im Kühlschrank, weil sie dadurch in der Mitte hart werden und ihr Geschmack leidet.

1 EL natives Olivenöl extra

500 g Süßkartoffeln, geschält und in Stücke geschnitten

1 rote Zwiebel, gehackt

1 EL rote Currypaste

500 ml Gemüsebrühe

500 ml Kokosmilch

Thai-Pesto

100 g ungesalzene Erdnüsse, leicht geröstet

2 Knoblauchzehen, gehackt

2 TL fein geriebener frischer Ingwer

2 große grüne Chilischoten, entkernt und klein geschnitten

1 kleines Bund Koriander

1 große Handvoll Minzeblätter

1 große Handvoll Basilikumblätter

2 EL helle Sojasoße oder thailändische Fischsoße

2 EL frisch gepresster Limettensaft

1 EL feiner hellbrauner Zucker

4 Portionen

Süßkartoffeln lassen sich ganz wunderbar mit Nüssen kombinieren, und diese beiden leichten Gerichte machen das Beste aus dieser himmlischen Verbindung. Goldgelbe Sesamspalten werden mit einer Erdnusssoße zum Dippen als Snack serviert, von dem man nicht genug bekommen kann, während die Macadamianüsse dem Salat mit gerösteten Süßkartoffeln extra viel Biss verleihen.

Sesam-Süßkartoffel mit Erdnussdip

750 g Süßkartoffeln, gründlich gebürstet, aber nicht geschält, längs in dicke Spalten geschnitten

2 EL Olivenöl

1 EL Sesamöl

1 EL Sesam

Meersalz

Frischer Koriander, grob gehackt, zum Servieren

Erdnussdip

2 EL Bio-Erdnussbutter

1 EL frisch gepresster Limettensaft

½ rote Chilischote, entkernt und in Streifen geschnitten

1 EL Sojasoße

1 EL Tomatenketchup

Meersalz und frisch gemahlener schwarzer Pfeffer

6–8 Portionen

Die Süßkartoffelspalten nebeneinander auf ein Backblech legen, mit dem Oliven- und Sesamöl beträufeln, Sesam und Salz darüberstreuen. Im vorgeheizten Backofen bei 200 °C 35 Minuten lang backen, bis sie weich sind (die Garzeit hängt von der Größe der Spalten ab).

In der Zwischenzeit den Dip zubereiten: Erdnussbutter, Limettensaft, Chili, Sojasoße und Ketchup mit 4 Esslöffeln heißem Wasser in einer Küchenmaschine glatt pürieren. Mit Salz und Pfeffer abschmecken. Anschließend in einem Topf behutsam erhitzen.

Zum Servieren den Dip in ein Schälchen füllen und die Süßkartoffelspalten mit dem Koriander bestreuen.

Variante Um das Rezept noch weiter zu vereinfachen, können Sie zu den Süßkartoffelspalten auch gekaufte Chilisoße servieren.

Salat mit gerösteten Süßkartoffeln und Macadamianüssen

3 Süßkartoffeln (je ca. 300 g), geschält

1 EL Olivenöl

1 TL Meersalzflocken

70 g Macadamianüsse, grob gehackt

200 g Babyspinat, gewaschen

Dressing

2 EL Macadamianuss- oder Olivenöl

1 EL Apfelessig

1 TL körniger Senf

Meersalz und frisch gemahlener schwarzer Pfeffer

4 Portionen

Den Backofen auf 190 °C vorheizen.

Die Süßkartoffeln in 2 cm große Würfel schneiden und in Öl und Salz schwenken. Auf einem Backblech im vorgeheizten Backofen 10 Minuten lang rösten.

Die Macadamianüsse in dem eventuell noch übrig gebliebenen Öl schwenken. Zu den Süßkartoffeln geben und im heißen Backofen alles noch 10 Minuten lang rösten.

Für das Dressing die Zutaten in einer kleinen Schüssel vermischen. Mit Salz und Pfeffer abschmecken.

Die Süßkartoffeln und die Nüsse auf dem Spinat anrichten. Mit dem Dressing beträufeln und sofort servieren.

Hier sind zwei herzhafte, wärmende Gerichte: Die Tajine kann an das angepasst werden, was Sie angebaut haben. Der Süßkartoffel-Hähnchen-Auflauf bietet eine tolle Möglichkeit, Brathähnchenreste zu verwerten und ein Überangebot an Gemüse aufzubrauchen.

Süßkartoffel-Hähnchen-Auflauf

1,5 kg Süßkartoffeln, geschält und in grobe Stücke geschnitten

3–4 EL Olivenöl

3 EL Butter

1 Zwiebel, gewürfelt

100 g durchwachsener Speck, klein geschnitten

2 Selleriestangen, klein geschnitten

150 g Champignons, klein geschnitten

2 Knoblauchzehen, gepresst

2 TL getrockneter Thymian

75–100 g Würstchen, gekocht und klein geschnitten

100 g vakuumverpackte geschälte Esskastanien, gehackt

1 große Handvoll frische Petersilie, gehackt

½ Hähnchen (ca. 700 g), gekocht und zerkleinert

125 g altbackenes Brot, in kleinen Stücken

5 EL Milch

180 ml Hühnerbrühe oder Wasser

Meersalz und frisch gemahlener schwarzer Pfeffer

1 runde Auflaufform mit 25–30 cm Durchmesser, gut gebuttert

4–6 Portionen

Den Backofen auf 220 °C vorheizen.

Die Süßkartoffeln im Olivenöl schwenken und in einer Schicht auf ein Backblech legen. Im vorgeheizten Backofen ca. 45 Minuten lang rösten, bis sie gebräunt und weich sind. Die Temperatur auf 200 °C reduzieren. Die Süßkartoffeln abkühlen lassen, dann mit der Butter zerstampfen und salzen. Beiseite stellen.

Öl in einer Pfanne erhitzen. Die Zwiebel darin in 2–3 Minuten weich dünsten. Salzen, dann Speck, Sellerie und Champignons hinzufügen und unter häufigem Rühren 3–5 Minuten mitbraten. Knoblauch, Thymian, Würstchen und Kastanien dazugeben und ca. 1 Minute mitbraten. Die Petersilie und das Hähnchenfleisch unterrühren und beiseite stellen.

In einer Schüssel die Brotstücke mit der Milch vermischen. Das Brot sollte feucht sein, eventuell mehr Milch dazugeben. Das Brot zusammen mit der Brühe zur Hähnchenmischung geben und gründlich verrühren. Eventuell nachwürzen und noch etwas Flüssigkeit hinzufügen, falls die Mischung zu trocken ist.

Die Hähnchenmischung in die vorbereitete Auflaufform füllen. Gleichmäßig mit dem Süßkartoffelpüree bestreichen. Im vorgeheizten Backofen ca. 45 Minuten lang backen. (Das Püree wird nicht braun, sollte aber an den Spitzen leicht schwarz werden.)

Süßkartoffel-Tajine mit Schalotten und Karotten

2–3 EL Olivenöl und 1 Stückchen Butter

40 g frischer Ingwer, geschält und fein gehackt oder gerieben

1–2 Zimtstangen oder 1–2 TL gemahlener Zimt

16 kleine Schalotten, geschält

700 g Süßkartoffeln, geschält und in Stücke geschnitten

2 mittelgroße Karotten, geschält und in Stücke geschnitten

175 g entsteinte Backpflaumen

1 EL dunkler flüssiger Honig

425 ml Gemüse- oder Hühnerbrühe

1 kleines Bund Koriander, grob gehackt

Ein paar frische Minzeblätter, gehackt

Meersalz und frisch gemahlener schwarzer Pfeffer

Couscous als Beilage (nach Belieben)

4–6 Portionen

Olivenöl und Butter in einer Tajine oder schweren Kasserolle erhitzen. Ingwer und Zimtstangen hinzufügen. Die Schalotten darin schwenken. Wenn sie anfangen, Farbe anzunehmen, die Süßkartoffeln und Karotten hinzufügen. 2–3 Minuten lang unter Rühren anbraten, dann die Backpflaumen und den Honig dazugeben. Die Brühe eingießen und aufkochen. Die Hitze reduzieren, und das Gericht zugedeckt ca. 25 Minuten lang leise köcheln lassen.

Ein wenig Koriander und Minze einrühren. Salzen und pfeffern. Ohne Deckel noch weitere 2–3 Minuten lang kochen, um die Flüssigkeit zu reduzieren, falls nötig. Das Gemüse sollte weich und leicht karamellisiert sein, die Soße sehr sirupartig. Mit den restlichen Kräutern bestreuen und sofort mit Couscous servieren.

Gemüsebrühe oder Wasser bringen das zarte Aroma der Karotte am besten zur Geltung. Für weniger aromatische Karotten können Sie eine gute Hühnerbrühe verwenden.

Scharfe Karottensuppe

50 g Butter

1 Zwiebel, gehackt

800 g Karotten, klein geschnitten

2 TL gemahlener Koriander

½ TL gemahlener Ingwer

¼ TL Chilipulver

1 l Gemüsebrühe oder Wasser

4 EL Crème double

2 EL Sonnenblumenöl

5 cm frische Ingwerwurzel, in feine Stifte geschnitten

Meersalz und frisch gemahlener schwarzer Pfeffer

4 Portionen

Die Butter in einem großen Topf zerlassen und die Zwiebel darin in 5–8 Minuten weich dünsten. Karotten, Koriander, gemahlenen Ingwer und Chilipulver hinzufügen und unter Rühren kurz mitbraten. Gut würzen, dann die Brühe angießen. 40 Minuten lang köcheln lassen.

Alles in einem Standmixer oder mit einem Pürierstab glatt pürieren. Die Crème double einrühren. Wenn die Suppe zu dickflüssig ist, mit etwas Wasser verdünnen. Mit Salz und Pfeffer abschmecken.

Das Sonnenblumenöl in einer Bratpfanne stark erhitzen und die Ingwerstifte 1 Minute lang knusprig braten.

Die Suppe gleichmäßig auf 4 Schüsselchen verteilen, mit dem gebratenen Ingwer garnieren und servieren.

Geröstete Karotten
mit Graupenrisotto

2 EL natives Olivenöl extra

12 junge Karotten, die Enden
abgeschnitten

50 g Butter

2 Zweige frischer Thymian

2 Knoblauchzehen, ungeschält
und halbiert

500 ml Hühnerbrühe

1 EL helle Sojasoße

220 g Graupen

3 gehäufte EL fein geriebener
Parmesan

Meersalz und frisch gemahlener
schwarzer Pfeffer

4 Portionen

Das Öl in einer Pfanne sehr stark erhitzen. Die Karotten hinzufügen
und in 8–10 Minuten goldbraun braten, dabei alle 2 Minuten wenden. 30 g Butter, den Thymian und den Knoblauch mit 125 ml Wasser in die Pfanne geben, salzen und pfeffern. Die Karotten zugedeckt bei mittlerer Hitze unter häufigem Wenden in 15–20 Minuten
weich kochen.

In der Zwischenzeit den Graupenrisotto zubereiten. Dafür die Hühnerbrühe und die Sojasoße mit 1 l Wasser in einem Topf aufkochen.
Die Graupen hinzufügen und unter häufigem Rühren 45–50 Minuten lang kochen, bis sie weich sind, aber noch nicht aufplatzen. Die
übrige Butter und den Parmesan unterziehen. Zum Servieren die
Karotten auf dem Risotto anrichten.

Variante Die Karotten können auch heiß auf einem Bett aus
Couscous serviert werden oder kalt in einem Salat mit Roter Bete,
gerösteten Pinienkernen und einem Weichkäse.

Graupen sind
wunderbar: Mit
ihrem erdigen
Geschmack berei-
chern sie alle
Arten von Gerich-
ten. Hier werden
sie wie ein Risotto
zubereitet, aber
ohne das ständige
Rühren. Sojasoße
und Parmesan har-
monieren gut und
verleihen den Grau-
pen ein intensives,
pikantes Aroma,
das perfekt zu
süßen
Karotten
passt.

Mit Madeira glasierte Ofenkarotten

750 g junge Karotten

1 EL Olivenöl

50 g Butter

1 TL Zucker

125 ml Madeira

Meersalz und frisch gemahlener schwarzer Pfeffer

1 Handvoll glatte Petersilie, grob gehackt, zum Servieren

4–6 Portionen

Die Karotten waschen und putzen. Größere Exemplare in 4 cm große Stücke schneiden, kleine oder mittelgroße ganz lassen. In einem großen Topf mit kochendem Wasser ca. 10 Minuten lang vorkochen, sodass sie in der Mitte noch etwas hart sind. Abgießen.

In der Zwischenzeit Öl und Butter in einem Bräter im vorgeheizten Backofen bei 200 °C so lange erhitzen, bis die Butter anfängt braun zu werden. Die Karotten hinzufügen, im Fett schwenken, mit Salz, Pfeffer und Zucker bestreuen und für weitere 10 Minuten in den Backofen schieben. Wenden und weitere 15 Minuten lang rösten. Den Madeira angießen und die Karotten im Backofen lassen, bis alle Flüssigkeit verdampft ist. Mit Petersilie bestreut servieren.

Scharfer Karottendip

250 ml Gemüsebrühe

4 mittelgroße Karotten, klein geschnitten

2 EL natives Olivenöl extra

1 kleine rote Zwiebel, gehackt

2 Knoblauchzehen, gehackt

1 große rote Chilischote, klein geschnitten

1 TL Bockshornkleesamen

1 TL gemahlener Kreuzkümmel

Meersalz und weißer Pfeffer

6–8 Portionen

Karotten, Öl, Zwiebel und Knoblauch mit der Brühe in einem Topf einmal aufkochen lassen. Anschließend bei milder Hitze 15–20 Minuten lang köcheln lassen, bis fast die gesamte Flüssigkeit verdampft ist und die Karotten weich sind. Die Chilischote, die Bockshornkleesamen und den Kreuzkümmel hinzufügen und unter Rühren 2–3 Minuten anbraten.

Die Mischung in einer Küchenmaschine zu einem groben Püree verarbeiten. Mit Salz und Pfeffer abschmecken, in eine Servierschüssel umfüllen und bis zum Servieren abdecken.

Karotten mit Sahne und Kräutern

800 g junge kleine oder mittelgroße Karotten

50 g Butter

1 Zweig frischer Thymian

2 EL Crème fraîche

Mehrere Zweige frischer Kerbel, geschnitten

1 kleines Bund frischer Schnittlauch, geschnitten

Feines Meersalz

4 Portionen

Die Karotten putzen (größere diagonal in 5 cm große Stücke schneiden). Nebeneinander in einen großen Topf legen. Die Butter hinzufügen und auf niedriger Stufe 3 Minuten lang garen, bis die Butter zerlassen ist und die Karotten damit überzogen sind. Den Topf zur Hälfte mit Wasser füllen, eine Prise Salz und den Thymian hinzufügen. Zugedeckt 10–20 Minuten lang kochen lassen, bis das Wasser fast vollständig verdampft ist.

Die Crème fraîche unterrühren und mit Meersalz abschmecken. Die Kräuter über die Karotten streuen. Alles gut vermischen und servieren.

Vichy-Karotten mit frischem Ingwer

1 kg Karotten

2 EL fein gehackter frischer Ingwer

50 g Butter

½ TL Meersalz

2 TL extrafeiner Streuzucker

Frisch gemahlener schwarzer Pfeffer

3 EL frisch gehackter Koriander oder Petersilie

8 Portionen

Die Karotten in Stifte oder dicke Scheiben schneiden und mit Ingwer, Butter, Salz und Zucker in einen Topf geben. Zur Hälfte mit Wasser bedecken, zum Kochen bringen und unter gelegentlichem Rühren so lange kochen, bis das Wasser fast verdampft ist und die Karotten weich sind.

Die Hitze reduzieren und die Karotten ein wenig Farbe annehmen und karamellisieren lassen. Mit schwarzem Pfeffer würzen und den Koriander bzw. die Petersilie unterrühren. Sofort servieren.

Karotten-Walnuss-Kuchen
mit Frischkäsefüllung

Karotten enthalten viel natürlichen Zucker und sind deshalb für süße Gerichte perfekt geeignet, beispielsweise für einen klassischen Karottenkuchen. Diese Version hier mit Walnüssen ist so wunderbar weich und krümelig, dass man sie am besten mit dem Löffel isst. Wenn Sie sich nicht trauen, den Kuchen quer durchzuschneiden, dann können Sie stattdessen die cremige Füllung auch einfach auf den abgekühlten Kuchen streichen.

2 Eier, getrennt

110 g Rohzucker (unraffinierter Zucker)

200 ml natives Olivenöl extra

1 TL Natron

185 g Mehl

2 TL Backpulver

1 TL gemahlener Zimt

¼ TL frisch geriebene Muskatnuss

200 g Karotten, gerieben

100 g Walnusshälften

Frischkäsefüllung

250 g zimmerwarmer Frischkäse

125 g zimmerwarme Butter in Stückchen

3 EL brauner Zucker

2–3 EL Ahornsirup

1 Springform mit 20 cm Durchmesser, leicht gefettet

8 Portionen

Den Backofen auf 180 °C vorheizen.

Die Eigelbe und den Rohzucker in einer große Schüssel 2 Minuten lang schlagen. Öl und Natron unterschlagen. Mehl, Gewürze, Karotten und Walnüsse unterheben. Der Teig sollte relativ dick aussehen. Die Eiweiße mit dem elektrischen Handrührgerät halbsteif schlagen und in 2 Portionen unter den Teig heben. Den Kuchenteig in die vorbereitete Backform füllen und im Backofen 45–50 Minuten lang backen, bis der Kuchen goldbraun und leicht aufgegangen ist. In der Backform ca. 10 Minuten lang abkühlen lassen, anschließend auf ein Kuchengitter setzen.

Für die Füllung Frischkäse, Butter und braunen Zucker in einer Schüssel mit dem elektrischen Handrührgerät 5 Minuten lang schlagen, bis es keine Klümpchen mehr gibt und die Quirle beim Abschalten eine Spur hinterlassen. Den Ahornsirup nach und nach hinzufügen und weitere 2 Minuten schlagen, bis die Mischung glatt und streichfähig ist. Den abgekühlten Kuchen vorsichtig quer halbieren und die Füllung auf die untere Hälfte streichen.

Pastinaken sind eine wundervolle Suppenzutat, süß und wärmend, und wenn sie ein wenig holzig sind, ist diese Zubereitungsart besonders geeignet. Pastinaken besitzen einen sehr charakteristischen Geschmack, der gut mit der Süße von Äpfeln harmoniert. Diese beiden Aromen werden durch eine Prise würzigen Currypulvers und ein wenig frischen Thymian noch verfeinert. Die Suppe mit Chorizo ist dickflüssig – die Art von Gericht, das man im tiefen Winter nach einem langen Spaziergang oder dem Bau eines Schneemanns verschlingen kann. Die Suppe sollte als Hauptgericht serviert werden. Beide Gerichte sind genau das Richtige, um an einem trüben Wintertag die Sonne aufgehen zu lassen.

Kastanien-Pastinaken-Suppe mit Chorizo

125 g rohe Chorizo, gewürfelt

1 Zwiebel, gehackt

3 Knoblauchzehen, in Scheiben geschnitten

1 Selleriestange, klein geschnitten

1 Karotte, klein geschnitten

3 Pastinaken, klein geschnitten

¼ TL Chiliflocken

1 TL gemahlener Kreuzkümmel

200 g geschälte gekochte Esskastanien (frisch oder vakuumverpackt)

1 l heiße Hühner- oder Schinkenbrühe

Meersalz und frisch gemahlener schwarzer Pfeffer

4–6 Portionen

Die Chorizo in einen großen Topf geben und 2–3 Minuten lang sanft erhitzen, bis das Fett austritt und die Wurst leicht knusprig wird. Mit einem Schaumlöffel herausheben und dabei so viel Fett wie möglich im Topf lassen. Beiseite stellen.

Zwiebel, Knoblauch, Sellerie, Karotte und Pastinaken in den Topf geben, gründlich umrühren und zugedeckt 10 Minuten lang weich dünsten. Die Chiliflocken und den Kreuzkümmel hinzufügen, salzen und pfeffern und umrühren. Die Kastanien und die heiße Brühe hinzufügen und zugedeckt bei milder Hitze 25–30 Minuten lang sanft köcheln lassen, bis alle Zutaten sehr weich sind.

In einem Standmixer oder mit einem Pürierstab glatt pürieren. Die Chorizo in einer kleinen Pfanne nochmals erhitzen.

Die Suppe gleichmäßig auf 4–6 Schälchen verteilen, mit der knusprigen Chorizo bestreuen und servieren.

Pastinaken-Apfel-Suppe mit Thymian

1 kleine Zwiebel, gehackt

2 EL Olivenöl

1 TL mildes Currypulver

Einige Zweige frischer Thymian

450 g Pastinaken (ca. 2–3 Stück), geschält und klein geschnitten

1 großer säuerlicher Kochapfel, z. B. Boskoop, geschält, entkernt und klein geschnitten

1,25 l Hühner- oder Gemüsebrühe

1 EL Butter

3 gehäufte EL Crème fraîche und etwas zusätzlich zum Servieren

Meersalz und frisch gemahlener schwarzer Pfeffer

Croûtons zum Servieren (wer mag)

4 Portionen

Zwiebeln, Öl, Currypulver und eine ordentliche Prise Salz in einen großen Topf geben. Die Zwiebeln bei milder Hitze weich dünsten. Thymian, Pastinaken und Apfel hinzufügen und gut verrühren. Unter häufigem Rühren ca. 5 Minuten braten, bei Bedarf noch mehr Öl dazugeben. Die Brühe hinzufügen und mit Pfeffer und Salz abschmecken.

Ohne Deckel ca. 15–20 Minuten leise köcheln lassen, bis die Pastinaken weich sind. Die Suppe mit dem Pürierstab pürieren und anschließend in den Topf zurückgießen. Bei Bedarf nachwürzen.

Butter und Crème fraîche unterrühren. Die Suppe in Schälchen schöpfen und mit Croûtons (wer mag) und einem kleinen Klecks Crème fraîche servieren.

Tarte mit gerösteten Pastinaken, Karotten und Schalotten

Jede Menge geröstetes Wintergemüse mit einem Hauch von Honig in einem leichten Dinkelvollkorn-Olivenöl-Teig – eine großartige, rustikale Vorspeise oder Beilage zu winterlichen Braten und Schmorgerichten.

200 g Karotten, diagonal in Scheiben geschnitten

200 g Pastinaken, in feine Stifte geschnitten

180 g Schalotten, je nach Größe halbiert oder geviertelt

1 EL flüssiger Honig

40 ml Olivenöl

1 TL Salz

½ TL zerstoßener schwarzer Pfeffer

100 g reifer Cheddar oder mittelalter Gouda, gerieben

150 g griechischer Joghurt

Dinkel-Pizzateig

220 g Dinkelvollkornmehl

1 TL Trockenhefe

½ TL Salz

2 EL Olivenöl

1 Ei

60 ml warmes Wasser

1 Tarteform mit herausnehmbarem Boden und 23 cm Durchmesser, gefettet

Ergibt ca. 8 Stücke

Den Backofen auf 200 °C vorheizen.

Karotten, Pastinaken und Schalotten in einen Bräter geben. Honig, Öl, Salz und Pfeffer hinzufügen und alles gut miteinander vermischen. Den Bräter mit Aluminiumfolie abdecken und das Gemüse im vorgeheizten Backofen 30 Minuten lang rösten. Aus dem Backofen nehmen und zugedeckt 10–15 Minuten lang abkühlen lassen.

Die Backofentemperatur auf 170 °C reduzieren.

Für den Teig Mehl, Hefe und Salz in einer Schüssel vermischen. In die Mitte eine Mulde drücken und Öl, Ei und Wasser hineingeben. Mit den Händen zu einem weichen Teig verarbeiten.

Den Teig auf einer leicht bemehlten Arbeitsfläche ein paar Minuten lang durchkneten. Der Teig sollte weich, aber nicht klebrig sein, sonst noch etwas Mehl unterkneten. Den Teig mit einem Nudelholz ca. 3 mm dick ausrollen. Die Tarteform mit dem Teig auskleiden, überstehende Ränder noch nicht abschneiden.

60 g geriebenen Käse mit dem gerösteten Gemüse vermischen.

Den restlichen Käse mit dem Joghurt in einer Schüssel vermengen und auf den Tarteboden streichen.

Das Röstgemüse auf die Joghurtschicht geben und gleichmäßig verteilen. Überstehenden Pizzateig an den Rändern sauber abschneiden.

Im heißen Backofen 25–30 Minuten lang backen. Aus dem Ofen nehmen und abkühlen lassen.

Erdig und fruchtig – diese Tajine ist ein wärmendes Wintergericht. Sie kann sowohl mit frischer als auch mit vorgekochter Roter Bete zubereitet werden. Als Beilagen eignen sich gerösteter Butternuss-Kürbis und mit Pistazien vermischter Couscous. Den Kardinalssalat dagegen bereitet man am besten mit frisch geernteten Rüben zu. Die Süße der Roten Bete bildet einen tollen Kontrast zur Bitterkeit des Radicchios.

Rote-Bete-Rindfleisch-Tajine mit Orangen

1–2 EL Ghee oder 1 EL Olivenöl und ein Stückchen Butter

3–4 Knoblauchzehen, gepresst

1 rote Zwiebel, längs halbiert und der Länge nach in Scheiben geschnitten

40 g frischer Ingwer, geschält und fein gehackt oder gerieben

1 rote Chilischote, entkernt und in Streifen geschnitten

2 TL Korianderkörner, zerstoßen

2 Zimtstangen

3–4 Rote Beten, geschält und geviertelt

500 g mageres Rindfleisch, in mundgerechte Stücke oder Streifen geschnitten

2 dünnschalige Orangen, in Spalten geschnitten

1 EL dunkler flüssiger Honig

1–2 EL Orangenblütenwasser

1 Stückchen Butter

2–3 EL geschälte Pistazien

1 kleines Bund glatte Petersilie, grob gehackt

Meersalz und frisch gemahlener schwarzer Pfeffer

Couscous als Beilage

4–6 Portionen

Das Ghee in einer Tajine oder schweren Kasserolle zerlassen. Knoblauch, Zwiebeln und den Ingwer hineingeben und unter Rühren Farbe annehmen lassen. Chili, Korianderkörner und Zimtstangen hinzufügen. Die Rote Bete hinzufügen und 2–3 Minuten lang sautieren. Das Fleisch untermischen und 1 Minute lang sautieren. So viel Wasser angießen, dass Rindfleisch und Rote Bete fast bedeckt sind, und aufkochen. Die Hitze reduzieren und zugedeckt 1 Stunde köcheln lassen, bis das Fleisch sehr weich ist.

Die Orangenspalten, den Honig und das Orangenblütenwasser zur Tajine geben und mit Salz und Pfeffer abschmecken. Zugedeckt weitere 10–15 Minuten lang köcheln lassen.

Die Butter in einem kleinen Topf zerlassen, die Pistazien darin schwenken und bei mittlerer Hitze unter Rühren goldbraun werden lassen. Die Pistazien zusammen mit der Petersilie über die Tajine streuen und sofort mit Couscous servieren.

Kardinalssalat

4 EL Mayonnaise

1 EL Rotwein- oder Himbeer-essig

2 EL natives Olivenöl extra

3 EL frische Schnittlauch-röllchen

1 Radicchio, zerkleinert

500 g gekochte Rote Bete, in dünne Scheiben geschnitten

½ Gurke, in dünne Scheiben geschnitten

1 Bund Radieschen, geviertelt

3 Eier, hartgekocht und geviertelt

Frisch gemahlener schwarzer Pfeffer

6 Portionen

Die Mayonnaise, den Essig und das Olivenöl in einer Schüssel miteinander verrühren. Die Hälfte der Schnittlauchröllchen unterrühren und beiseite stellen.

Den zerkleinerten Radicchio auf einer Servierplatte anrichten. Eine Schicht Rote-Bete-Scheiben und 1 Esslöffel Dressing daraufgeben. Eine Schicht Gurkenscheiben und einen weiteren Löffel Dressing daraufgeben.

Mit den Radieschen und Eiern belegen. Den Salat mit dem restlichen Dressing beträufeln, mit dem schwarzen Pfeffer und den restlichen Schnittlauchröllchen bestreuen und servieren.

Falls Sie ein Überangebot an Roter Bete haben: Sie eignet sich perfekt zum Einmachen. Das süße, saure und zart gewürzte Chutney passt ganz toll zu kräftigeren Käsesorten und Crackern. Wenn Sie Hamburger, Würstchen oder Steaks (auch vom Lachs) servieren, dann passt das Rote-Bete-Meerrettich-Relish gut. Frische, rohe Rote Beten sind am besten geeignet, Sie können Sie aber durch vorgekochte ersetzen, wenn Ihre Zeit knapp ist.

Rote-Bete-Chutney
mit Fenchel und Apfel

160 g gekochte Rote Bete, gewürfelt

150 g Fenchel, geputzt und gewürfelt

150 g säuerlicher Apfel, geschält, entkernt und gewürfelt

100 g rote Zwiebel, gewürfelt

190 ml Branntweinessig

220 g extrafeiner brauner Zucker

½ Sternanisfrucht

2 Gewürznelken

1 TL Salz

2 sterilisierte Einmachgläser à 250 g (siehe Anmerkung auf Seite 4)

Ergibt 2 Gläser à 250 g

Alle Zutaten in einen großen Topf geben und zum Kochen bringen. Bei mittlerer Hitze unter gelegentlichem Rühren 1 Stunde lang kochen lassen. Wenn das Chutney danach noch keine marmeladeartige Konsistenz besitzt, lassen Sie es bis zu weitere 20 Minuten lang kochen.

Das heiße Chutney in die sterilisierten Einmachgläser füllen und sofort verschließen. Vor dem Servieren 2–3 Tage lang ruhen lassen. Im Kühlschrank hält sich das Chutney bis zu 2 Wochen.

Rote-Bete-Meerrettich-Relish

2 EL Zucker

2 EL Balsamico-Essig

300 g rohe Rote Bete, geschält

1 EL Meerrettich aus dem Glas

Ergibt 300 ml

Zucker und Essig in einem kleinen Topf unter Rühren zum Kochen bringen. 1 Minute kochen lassen, vom Herd nehmen. Die Rote Bete in eine Schüssel reiben und mit dem Meerrettich und dem Essig-Sirup vermischen. Im Kühlschrank hält sich das Relish eine Woche.

✻ Tipp

Rote Bete kann sowohl roh (schmeckt köstlich gerieben im Salat) als auch gekocht genossen werden. Wenn Sie sie kochen, sollten Sie die Schale dranlassen, weil sonst Farbe und Nährstoffe aus dem Gemüse gewaschen werden. Nach dem Kochen kann die dünne Schale leicht unter fließendem Wasser abgerieben werden.

Schokoladenküchlein mit Roter Bete und Kirschen

75 g dunkle Schokolade (ca. 50 % Kakaoanteil), in Stücken

175 g Mehl

2 TL Backpulver

40 g Kakaopulver

175 g heller Roh-Rohrzucker oder feiner hellbrauner Zucker

250 ml Erdnuss- oder Sonnenblumenöl

3 große Eier

1 Pr Salz

150 g Rote Bete, gekocht und geschält

50 g getrocknete Sauerkirschen (oder Cranberrys), grob gehackt

1 Mini-Kastenkuchen-Backform mit 9 Vertiefungen (5,5 × 8 × 2,5 cm), mit passenden Papierförmchen ausgekleidet

Ergibt 9 Stück

Den Backofen auf 180 °C vorheizen.

Die Schokolade in einer hitzebeständigen Schüssel über einem Wasserbad schmelzen lassen. Etwas abkühlen lassen.

Das Mehl mit dem Backpulver in eine große Rührschüssel sieben. Kakaopulver, Zucker, Öl, Eier, Salz und die geschmolzene Schokolade hinzufügen und alles mit dem elektrischen Handrührgerät vermischen. Die Rote Bete grob raspeln, zur Mischung geben und die zerkleinerten Sauerkirschen darüberstreuen. Mit einem großen Metalllöffel alles vorsichtig vermischen.

Den Teig auf die Vertiefungen der Backform verteilen. Im Ofen 20–25 Minuten lang backen, bis die Küchlein gut aufgegangen sind. In der Form abkühlen lassen.

Anmerkung Die Mini-Kastenkuchen-Backform und die passenden Papierförmchen können Sie über www. janeasher.co.uk beziehen. Sie können aber auch eine Muffinbackform mit den entsprechenden Papierförmchen verwenden. Der Teig reicht für 9 Muffins, die ca. 25–30 Minuten im Backofen benötigen.

Die Rote Bete sorgt dafür, dass diese kleinen Kuchen in der Mitte schön weich und feucht sind. Undekoriert lassen sie sich gut einfrieren. Sie geben auch zauberhafte Geschenke ab: Bestäuben Sie die Küchlein mit Kakaopulver und bestreuen Sie sie mit goldenen Zuckerperlen. Tauchen Sie Ihre Fingerspitzen vorher in kaltes Wasser, damit die Perlen kleben bleiben.

Zwiebel- und Stängelgemüse

Geschmorter Fenchel mit Polenta 🌿 In Butter gerösteter Fenchel 🌿 **Fenchel-Zitronen-Risotto** Fenchel Tomaten Focaccia 🌿 **Kartoffel-Lauch-Suppe** Flamiche 🌿 **Mini-Lauch mit Salbeibutter und Chilibröseln** Lauch vom Grill mit Tarator-Sauce 🌿 **Gegrillter Spargel mit Mini-Chorizo** 🌿 Spargelcremesuppe **Spargel-Ziegenkäse-Tarte** 🌿 Spargeltagliatelle **Mediterran gefüllte Zwiebeln mit Reis** 🌿 Französische Zwiebelsuppe 🌿 **Geröstete Zwiebeln mit Würstchen** Knusprige Zwiebelringe 🌿 **Geschmorte Zwiebeln** Eingelegte Zwiebeln

Werfen Sie die gefiederten Blätter der Fenchelknolle nicht weg – sie können Gerichten gegen Ende der Garzeit zugegeben werden oder als Garnitur dienen. Während kleinere, zarte Knollen roh verzehrt werden können, eignen sich größere, härtere Exemplare ausgezeichnet zum Schmoren, wie in diesem Rezept hier. Oder rösten Sie doch einmal Fenchelknollen in Butter. So werden sie zur perfekten Beilage zu allem Gebratenen, besonders zu Fisch.

Geschmorter Fenchel mit Polenta

2 große Fenchelknollen	1 Handvoll kleine schwarze Oliven
65 ml natives Olivenöl extra	Geriebener Pecorino zum Servieren
1 Zwiebel, gehackt	
2 Knoblauchzehen, gehackt	**Cremige Polenta**
1 kleine rote Chilischote, gehackt	500 ml Vollmilch
1 Handvoll glatte Petersilie, grob gehackt	1 l Gemüsebrühe
	200 g Instant-Polenta
2 EL frisch gepresster Zitronensaft	50 g Butter
2 EL lieblicher Weißwein	100 g Pecorino, fein gerieben
500 ml Gemüsebrühe	**4 Portionen**

Von dem Stängel an der Unterseite der Fenchelknollen ca. 5 mm abschneiden. Die farnartigen Blätter abschneiden und fein hacken. Die dunkelgrünen Stängel bis auf 1 cm abschneiden und entsorgen. Die übrige weiße Fenchelknolle längs in dünne Scheiben schneiden. Das Öl in einem Topf bei starker Hitze erwärmen. Zwiebel, Knoblauch und Chilischote darin 2–3 Minuten lang braten, bis sie weich sind. Petersilie, Fenchel und Fenchelgrün hinzufügen und unter häufigem Rühren 2–3 Minuten lang mitbraten. Zitronensaft, Wein und Brühe eingießen, aufkochen und alles zugedeckt bei niedriger Hitze unter gelegentlichem Rühren 20 Minuten lang köcheln lassen. Die Oliven hinzufügen und ohne Deckel so lange stark kochen lassen, bis nur noch wenig Flüssigkeit übrig und der Fenchel sehr weich ist.

Für die Polenta Milch und Brühe in einem Topf bei mittlerer Hitze zum Sieden bringen. Langsam, aber kontinuierlich die Polenta einrieseln lassen und mit einem Schneebesen glatt rühren. Bei milder Hitze weitere 2–3 Minuten lang rühren. Wenn die Polenta eindickt, mit einem Holzlöffel weiterrühren. Die Butter und den Käse hinzufügen und unter Rühren in der Polenta schmelzen lassen. Etwas Polenta auf Servierteller geben, mit dem geschmorten Fenchel belegen und mit geriebenem Pecorino bestreut servieren.

In Butter gerösteter Fenchel

3 Fenchelknollen	Dill, Estragon oder Fenchelgrün, frisch gehackt (wer mag), zum Servieren
4 EL Olivenöl oder zerlassene Butter	
Meersalz	**6 Portionen**

Den Backofen auf 220 °C vorheizen.

Von den Fenchelknollen die Stängel abschneiden und, falls nötig, die zähen äußeren Blätter entfernen. Jede Knolle halbieren, dann die Hälften je nach Größe in 2 oder 3 Stücke schneiden. Die Stücke so in Scheiben schneiden, dass sie entweder vom Stängel oder vom Strunk zusammengehalten werden. Das Fenchelgrün aufheben.

Den Fenchel in einem großen Topf mit leicht gesalzenem Wasser aufkochen und so lange blanchieren, bis er fast weich ist. Abgießen und trocken tupfen.

Die Fenchelstücke in einen Bräter schichten, mit Öl oder Butter beträufeln und im Backofen ca. 20 Minuten lang garen. Von Zeit zu Zeit umdrehen und mit Fett beträufeln, damit die Stücke gleichmäßig von allen Seiten bräunen.

Um den anisartigen Geschmack zu verstärken, kann das Gemüse vor dem Servieren nach Belieben mit gehacktem Dill, Estragon oder Fenchelgrün bestreut werden.

Variante Den Fenchel mit Käse bestreuen, weitere 5 Minuten lang backen und als eigenständiges Gericht oder Vorspeise servieren.

Etwas Wodka gegen Ende der Kochzeit verleiht dem Fenchel-Zitronen-Risotto einen köstlichen Geschmack. Dieses Gericht ist sehr leicht zuzubereiten und kommt bei Gästen immer gut an. Auch großartig für Besucher um die Mittagszeit ist eine Focaccia, ein rustikales Brot, das traditionell über offenem Feuer gebacken und von Hand gebrochen und verteilt wird. Sie kann auch mit anderen Zutaten, z. B. mit roten Zwiebeln, Oliven und Rosmarin- oder Thymianzweigen, belegt werden.

Fenchel-Tomaten-Focaccia

2 sehr kleine Fenchelknollen, in dünne Scheiben geschnitten, das Grün gehackt

2 Tomaten, in dünne Scheiben geschnitten

1½ TL Meersalzflocken

Natives Olivenöl extra zum Servieren

Focacciateig

450 g Weizenmehl Type 550

1 TL Salz

2 TL Trockenhefe

3 EL Olivenöl

Mehl zum Kneten und Bestäuben

6–8 Portionen

Für den Teig Mehl und Salz in eine große Schüssel sieben und die Hefe hinzufügen. Verrühren und eine kleine Mulde in die Mitte drücken. In diese 300 ml warmes Wasser und 2 Esslöffel Olivenöl geben. Schnell alles miteinander verrühren und dann mit den Händen zu einem Teig verarbeiten. (Sollte der Teig zu sehr an Ihren Händen kleben, fügen Sie noch etwas Mehl hinzu.) Den Teig auf eine leicht bemehlte Arbeitsfläche geben und 8–10 Minuten lang kneten, bis er glatt und elastisch ist. Zu einer Kugel formen und in eine leicht geölte Schüssel legen. Mit einem Geschirrtuch bedecken und an einem warmen Ort 1½ Stunden ruhen lassen, bis sich seine Größe verdoppelt hat.

Den Backofen auf 220 °C vorheizen. Die Teigkugel auf ein leicht geöltes Backblech setzen. Mit einem leicht bemehlten Nudelholz von der Mitte aus behutsam in einem Zug nach oben rollen, dabei nicht zu fest drücken, damit die Luftblasen intakt bleiben. Nun von der Mitte nach unten zum entgegengesetzten Ende rollen, sodass sich eine ungefähr ovale Form ergibt, ca. 30 cm lang und 20 cm breit. Abdecken und weitere 20–30 Minuten lang aufgehen lassen.

Den Teig mit den Fingerspitzen mehrmals eindrücken. Mit den Fenchel- und Tomatenscheiben belegen, mit dem Fenchelgrün bestreuen. Das restliche Olivenöl darüberträufeln und die Salzflocken darüberstreuen. Im vorgeheizten Backofen 25 Minuten lang backen. Die Focaccia behutsam vom Backblech auf den Rost des Backofens gleiten lassen. Weitere 5 Minuten backen, bis die Kruste goldgelb ist. Aus dem Ofen nehmen und abkühlen lassen. Mit einer kleinen Schüssel fruchtigen Olivenöls zum Dippen servieren.

Fenchel-Zitronen-Risotto

1 kleine Pr Safranfäden

1,25 l heiße Gemüsebrühe

1 große Fenchelknolle

125 g Butter

1 Zwiebel, gehackt

2 Knoblauchzehen

Frisch gepresster Saft und abgeriebene Schale von 1 Zitrone

300 g Risottoreis

100 ml Wodka

50 g Parmesan, frisch gerieben

Meersalz und frisch gemahlener schwarzer Pfeffer

4 Portionen

Die Safranfäden bis zur Verwendung in der heißen Brühe einweichen. Die Fenchelknolle und das Grün fein hacken, das Fenchelgrün für später aufheben.

Die Hälfte der Butter in einer Pfanne zerlassen, Zwiebel, Fenchel, Knoblauch und Zitronenschale in 10 Minuten weich dünsten. Den Reis hinzufügen und 30 Sekunden lang rühren, bis die Körner glänzen.

In der Zwischenzeit die Safranbrühe zum Sieden bringen. Eine Kelle der Brühe zum Reis gießen und unter Rühren so lange kochen, bis die Flüssigkeit aufgenommen wurde. Weiterhin immer ein wenig Brühe zum Reis geben und unter Rühren insgesamt 20 Minuten lang kochen, bis der Reis die Flüssigkeit aufgenommen hat und bissfest ist.

Den Topf vom Herd nehmen und die übrige Butter, den Zitronensaft, den Wodka, den Parmesan, das gehackte Fenchelgrün, Salz und Pfeffer unterrühren. Zugedeckt 5 Minuten ruhen lassen, dann servieren.

Manchmal sind Klassiker wirklich das Beste, und das gilt sowohl für die Kartoffel-Lauch-Suppe als auch für die traditionelle Flamiche aus Belgien. Während die Suppe ein tolles wärmendes Wintergericht ist, eignet sich die Lauchtorte ideal für ein Picknick, serviert mit etwas Pastete und Aufschnitt. Wenn Ihr Lauch aus dem eigenen Garten kommt und erdig ist, legen Sie ihn in ein Spülbecken voll mit warmem Wasser und schwenken Sie ihn darin, so wird er am besten sauber.

Kartoffel-Lauch-Suppe

50 g Butter

4 Stangen Lauch (ca. 500 g), klein geschnitten

3 Kartoffeln (ca. 250 g), geschält und klein geschnitten

1 Zwiebel, fein gehackt

500 ml Gemüsebrühe

300 ml Milch

2 Lorbeerblätter

2 EL frische Schnittlauch-röllchen zum Servieren

Meersalz und frisch gemahlener schwarzer Pfeffer

4–6 Portionen

Die Butter in einem großen Topf zerlassen und den Lauch, die Kartoffeln, die Zwiebel und eine große Prise Salz hinzufügen. Zugedeckt bei milder Hitze 15 Minuten lang dünsten, bis das Gemüse weich und glasig ist. Gelegentlich umrühren.

Die Brühe, die Milch und die Lorbeerblätter hinzufügen und zum Kochen bringen. Die Hitze reduzieren und zugedeckt 20 Minuten lang köcheln lassen, bis die Kartoffeln so weich sind, dass sie zerfallen.

Die Suppe in einen Mixer füllen, die Lorbeerblätter entfernen und die Suppe glatt pürieren. Damit die Suppe besonders glatt wird, durch ein Sieb in den Topf passieren. Nochmals aufkochen lassen.

Die Suppe auf 4–6 Schälchen verteilen und mit Schnittlauchröllchen und frisch gemahlenem schwarzen Pfeffer bestreuen.

Flamiche

350 g gebrauchsfertiger Mürb-teig, zimmerwarm

75 g Butter

900 g Lauch, längs aufge-schnitten, gründlich gewaschen und in dicke Scheiben geschnitten

1 TL Salz

4 Eigelb

300 g Crème double oder Crème fraîche

Frisch geriebene Muskatnuss zum Abschmecken

Meersalz und frisch gemahlener schwarzer Pfeffer

1 Tarteform mit 20,5 cm Durch-messer

1 Backblech

Backpapier und Backbohnen

4–6 Portionen

Den Backofen auf 200 °C vorheizen.

Den Teig dünn auf einer leicht bemehlten Arbeitsfläche ausrollen, anschließend die Tarteform damit auskleiden, den Boden mehrmals einstechen und 15 Minuten lang kühlen. Den Tarteboden mit Backpapier auslegen und die Bohnen einfüllen. Auf der mittleren Schiene des Backofens 10–12 Minuten lang backen. Das Backpapier und die Bohnen entfernen und den Tarteboden weitere 5–7 Minuten lang backen, damit er vollständig austrocknet.

Für die Füllung die Butter in einem großen Topf zerlassen, den Lauch dazugeben und umrühren. Ein paar Esslöffel Wasser und 1 Teelöffel Salz hinzufügen und zugedeckt sehr behutsam mindestens 30 Minuten lang dämpfen, bis das Gemüse weich ist und zerfällt. Den Deckel abnehmen und noch ein paar Minuten kochen lassen, damit überschüssige Flüssigkeit verdampft. Die Masse sollte vergleichsweise dick sein. Abkühlen lassen.

Die Eigelbe und die Crème double oder Crème fraîche in eine Schüssel geben, Salz, Pfeffer und Muskatnuss hinzufügen und alles gründlich verschlagen. Den Tarteboden auf ein Backblech setzen. Den abgekühlten Lauch gleichmäßig auf dem Teig verteilen, mit einer Gabel ein wenig auflockern. Die Eiersahne darübergießen.

Im Backofen 30 Minuten lang backen, bis die Füllung fest und goldbraun ist. Warm servieren.

Salbei und Lauch harmonieren fantastisch, und der Belag aus Chilibröseln italienischer Art ist köstlich. Um das Ganze noch italienischer zu machen, werden die knusprigen Semmelbrösel aus Ciabatta hergestellt. Wenn Sie eher orientalische Aromen bevorzugen, beträufeln Sie den gegrillten Lauch mit einer Nusssoße, Tarator. Hier haben wir Macadamianüsse verwendet, traditionell wird die Soße jedoch mit geriebenen Mandeln oder Walnüssen zubereitet. Wenn Sie sie im Voraus zubereiten, schlagen Sie sie vor dem Servieren noch einmal gründlich auf.

Lauch vom Grill
mit Tarator-Sauce

750 g Mini-Lauch, geputzt	2 Knoblauchzehen, gepresst
2–3 EL natives Olivenöl extra	100 ml natives Olivenöl extra
Meersalz	1 EL Zitronensaft
Ein paar Zitronenspalten zum Servieren	2 EL kochendes Wasser
Tarator-Sauce	Meersalz und frisch gemahlener schwarzer Pfeffer
50 g geröstete Macadamianüsse	
25 g frische Semmelbrösel	**4 Portionen**

Für die Soße die Nüsse in einer Küchenmaschine grob zerkleinern, dann Semmelbrösel, Knoblauch, Salz und Pfeffer hinzufügen und alles zu einer glatten Paste verarbeiten. In eine Schüssel umfüllen und nach und nach Olivenöl, Zitronensaft und 2 Esslöffel kochendes Wasser unterschlagen. Mit Salz und Pfeffer abschmecken.

Den Grill anfeuern. Die Lauchstangen mit ein wenig Olivenöl einpinseln, salzen und unter gelegentlichem Wenden über mäßig heißen Kohlen 6–10 Minuten lang grillen, bis sie weich und an einigen Stellen braun sind. Auf eine Servierplatte legen, mit Olivenöl beträufeln und die Soße darübergießen. Mit Zitronenspalten servieren.

Mini-Lauch mit Salbeibutter und Chilibröseln

75 g gesalzene Butter	50 g frische Semmelbrösel aus Ciabatta
2 EL fein gehackter frischer Salbei	1 milde lange rote Chilischote, entkernt und fein gehackt
500 g kurze dünne Mini-Lauchstangen, halb durchgeschnitten und gründlich gewaschen	1 kleinere rote Chilischote, entkernt und in Ringe geschnitten
2 EL natives Olivenöl extra	**4 Portionen**

Butter und Salbei in einer Schüssel gründlich zerdrücken.

Den Lauch in ca. 5 Minuten weich dämpfen oder kochen. In der Hälfte der Salbeibutter schwenken und warm halten.

Olivenöl in einer Pfanne erhitzen und die Ciabattabrösel darin ca. 45 Sekunden lang rösten. Die restliche Salbeibutter und die fein gehackte Chilischote hinzufügen. Goldbraun braten.

Die Lauchstangen auf einer Servierplatte anrichten, mit den Chilibröseln und den Chiliringen bestreuen. Zusammen mit anderen Gerichten oder als Vorspeise servieren.

Anmerkung Auch Meerkohl und Schwarzwurzel schmecken auf diese Art zubereitet sehr lecker.

Spargel ist ein Gemüse, das in der spanischen Küche häufig verwendet wird, und diese Tradition zeigen die beiden Gerichte anschaulich. Der mit frischer Mayonnaise, grobem Meersalz und sautierten, in Scheiben geschnittenen Mini-Chorizos servierte Spargel ist ein einfaches, ländliches Essen. Die Spargelsuppe besitzt ein zartes Aroma, das gut mit Sherry harmoniert. Probieren Sie zu diesem Gericht einmal einen Manzanilla.

Gegrillter Spargel
mit Mini-Chorizo

750 g dünne Spargelstangen	1 Pr Salz
3 EL Olivenöl	1 Eigelb
1 Pr feines Meersalz	150 ml Olivenöl
Frisch gemahlener schwarzer Pfeffer	**Zum Servieren**
Mayonnaise	Grobes Meersalz
1 Knoblauchzehe, fein gehackt	2 Mini-Chorizos (Choricitos), in Scheiben geschnitten und ohne Öl in der Pfanne gebraten
2 TL frisch gepresster Zitronensaft	
	4 Portionen

Für die Mayonnaise den Knoblauch, die Hälfte des Zitronensaftes, das Salz und ein paar Tropfen Wasser in einen Mörser geben und zu einer Paste verarbeiten. Das Eigelb hinzufügen, dabei den Stößel nur in eine Richtung bewegen. Das Öl tropfenweise untermischen. Nachdem 100 ml Öl hinzugefügt wurden, ein bisschen mehr Zitronensaft hinzufügen und langsam weiter das Öl untermischen, bis eine dickflüssige Emulsion entsteht. Probieren und bei Bedarf mit Salz und dem restlichen Zitronensaft nachwürzen. Sie können auch eine Küchenmaschine verwenden, müssen aber in diesem Fall die Mengen verdoppeln, weil die Klingen sonst nicht von der Mischung bedeckt werden. Reste mit Frischhaltefolie bedecken, kühl stellen und für anderweitigen Gebrauch aufbewahren.

Die unteren Enden der Spargelstangen abschneiden und die dreieckigen Blättchen abziehen. Öl, Salz und Pfeffer in eine flache Schale geben und den Spargel darin wenden.

Eine Grillpfanne auf dem Herd erhitzen, bis sie raucht. Den Spargel portionsweise darin braten. Die Stangen umdrehen, sobald sie Grillstreifen bekommen. Sie müssen auf jeder Seite 1½–2½ Minuten braten. Mayonnaise, Meersalz und Wurststücke in kleinen Schüsselchen anrichten und den Spargel noch heiß damit servieren.

Spargelcremesuppe

750 g Spargel	1 l Hühnerbrühe
3 EL Olivenöl	Frisch geriebene Muskatnuss
1 EL Butter	150 g Crème double
2 Stangen Lauch, gründlich gewaschen und in dünne Scheiben geschnitten	Feines Meersalz und frisch gemahlener weißer Pfeffer
1 Zwiebel, fein gehackt	**4 Portionen**

Von 8 Spargelstangen die Spitzen abschneiden und für später aufheben. Den restlichen Spargel in 2 cm große Stücke schneiden.

Öl und Butter in einem Topf erhitzen, Lauch und Zwiebel hinzufügen und zugedeckt bei milder Hitze ca. 10 Minuten lang dünsten. Die Spargelstücke, die Brühe und die Muskatnuss hinzufügen, gut salzen und pfeffern und 10 Minuten lang köcheln lassen.

In einem Mixer glatt pürieren. Durch ein Sieb in eine Schüssel passieren. Zwei Drittel der Crème double in die Schüssel geben und gut verrühren. Die Suppe zurück in den Topf gießen und vor dem Servieren behutsam erhitzen (nicht mehr kochen lassen).

Die zurückbehaltenen Spargelspitzen in kochendem Wasser so lange garen, bis sie gerade weich sind. Die Suppe in Schalen schöpfen und mit einem Klecks Crème double, den Spargelspitzen und ein wenig Muskatnuss dekoriert servieren.

Spargel ist schon etwas ganz Außergewöhnliches. Junger Spargel ist ein echtes Geschenk, und deshalb sollten Sie auf keinen Fall die kurze Spargelsaison verpassen, die bei uns von Ende April bis zum 24. Juni reicht. Weil Spargel so besonders ist, sollten Sie die Gerichte einfach halten. Natürlich schmeckt er wunderbar mit Sauce Hollandaise, aber probieren Sie auch einmal, die ersten Stangen mit anderen frischen hochwertigen Zutaten zu kombinieren. Er harmoniert auch mit gehaltvollen Lebensmitteln, wie dem Ziegenkäse in der Tarte oder der Sahne in der Pasta.

Spargel-Ziegenkäse-Tarte

2 × 375 g fertig ausgerollter Blätterteig, frisch oder aufgetaute Tiefkühlware

1 Ei, mit 2 TL Wasser verquirlt

2 EL Butter

2 EL natives Olivenöl extra

2 Bund dünne Spargelstangen, holzige Enden abgeschnitten

150 g weicher Ziegenkäse

Meersalz und frisch gemahlener schwarzer Pfeffer

2 Backbleche, mit Backpapier ausgelegt

4 Portionen

Den Backofen auf 220 °C vorheizen. Die Teigplatten zu zwei 24 × 12 cm großen Rechtecken zurechtschneiden und jedes Rechteck auf ein mit Backpapier ausgelegtes Backblech legen. Die Teigreste in 1 cm breite Streifen schneiden. Die Ränder der Rechtecke mit dem Ei bestreichen und mit den Teigstreifen belegen. Jedes Rechteck mit der Gabel in der Mitte einstechen und rundherum mit Ei bestreichen. Im Backofen 15 Minuten lang backen, bis der Teig aufgegangen und goldgelb ist.

Butter und Olivenöl in eine Pfanne geben und den Spargel darin bei starker Hitze unter häufigem Wenden 2–3 Minuten lang braten, bis er gerade anfängt, weich zu werden. Gut salzen und pfeffern und beiseite stellen. Den Ziegenkäse über den Tartes zerkrümeln, dabei innerhalb der Ränder bleiben. Mit den Spargelstangen belegen und im Ofen weitere 10 Minuten lang goldbraun backen. Warm servieren.

Spargeltagliatelle

250 g Sahne

300 g Tagliatelle

1 Bund dünne Spargelstangen, unten abgeschnitten und in Stücke geschnitten

Geriebene Schale und frisch gepresster Saft von 1 Zitrone

3 EL frisch gehackte glatte Petersilie

100 g Parmesan, fein gerieben

Meersalz und frisch gemahlener schwarzer Pfeffer

4 Portionen als Vorspeise

Die Sahne in einem kleinen Topf aufkochen, dann bei niedrigerer Temperatur 8–10 Minuten leise köcheln und etwas eindicken lassen. Beiseite stellen.

Die Nudeln nach Packungsanleitung kochen. Ungefähr 2 Minuten vor Ende der Garzeit den Spargel zu den Nudeln ins Kochwasser geben. Abgießen und zurück in den warmen Topf geben. Sahne, Zitronenschale, Zitronensaft, Petersilie und die Hälfte des Parmesans hinzufügen und alles behutsam vermischen. Mit Salz und Pfeffer abschmecken und mit dem restlichen Parmesan bestreut servieren.

Variante Als Ersatz für den Spargel können Sie 1 geraspelte Zucchini in 1 Esslöffel Butter bei mittlerer Hitze in der Pfanne braten, bis sie weich und goldgelb ist. Die Zucchini zusammen mit den anderen Zutaten zu den abgetropften Nudeln geben.

Es ist einfach, Zwiebeln in Hülle und Fülle anzubauen, und diese Rezepte sorgen dafür, dass Sie auch
viele davon verwerten können. Beide Gerichte sind
wärmend. Bei dem einen dienen Zwiebeln als raffi-
nierte Gefäße für eine dezent gewürzte Lammfleisch-
füllung, das andere ist der Inbegriff des Bistroessens:
eine französische Zwiebelsuppe mit Röstbrot und
geschmolzenem Käse. Dieses Rezept hier ist genau
das Richtige, wenn es draußen kalt ist, die Leute
drinnen hungrig und in der Küche nicht viel mehr als
ein paar Zwiebeln zu finden sind.

Mediterran gefüllte Zwiebeln mit Reis

8 große rote oder weiße Zwiebeln

2–3 EL Olivenöl

500 g Lammhackfleisch

2 Knoblauchzehen, gepresst

1 gehäufter EL Tomatenmark

125 ml trockener Weißwein

½ TL gemahlener Zimt

2 EL fein gehackter Dill

2 EL fein gehackte Minze

300 g Naturreis

100 g frische Semmelbrösel

1 Ei, verquirlt

Meersalz und frisch gemahlener
schwarzer Pfeffer

4 Portionen

Die oberen und unteren Enden von den Zwiebeln abschneiden,
dabei unten nur wenig, oben etwas mehr wegnehmen. Die Zwiebeln bis auf 2–3 äußere Schichten aushöhlen. Das Innere der
Zwiebeln in einer Küchenmaschine fein hacken.

1 Esslöffel Öl in einer Pfanne erhitzen und 4 Esslöffel gehackte
Zwiebeln darin in 3–5 Minuten glasig dünsten. Das Lammfleisch
hinzufügen, gut würzen und 5–7 Minuten lang mitbraten. Dabei
rühren. Knoblauch, Tomatenmark, Wein, Zimt, Dill und Minze einrühren und unter Rühren 2–3 Minuten lang kochen. Mit Salz und
Pfeffer abschmecken. Vom Herd nehmen und abkühlen lassen.

Den Backofen auf 200 °C vorheizen. Den Reis gleichmäßig auf dem
Boden einer Auflaufform verteilen. Die Innenseiten der Zwiebel-
hüllen mit Öl einpinseln und salzen.

Wenn die Füllung ausreichend abgekühlt ist, die Semmelbrösel,
das Ei und 2–3 Esslöffel Wasser unterrühren. Die Mischung sollte
weich, aber nicht suppig sein. Die ausgehöhlten Zwiebeln damit
füllen. Die gefüllten Zwiebeln auf den Reis setzen und mit Öl
bepinseln. 500 ml Wasser in die Auflaufform gießen.

Im Backofen 1–1½ Stunden backen, bis der Reis gar ist. Nach
1 Stunde Garzeit prüfen, ob er schon weich ist. Eventuell muss
mehr Wasser hinzugefügt werden. Heiß oder kalt mit einem
gemischten grünen Salat als Beilage servieren.

Französische Zwiebelsuppe

50 g Butter

1 EL Olivenöl

3 große Zwiebeln, ca. 1,3 kg, in
dünne Scheiben geschnitten

2 Knoblauchzehen, gepresst

1 EL Mehl

1 l Rinder-, Hühner- oder
Gemüsebrühe

600 ml trockener Weißwein

1 frisches Lorbeerblatt

2 Zweige frischer Thymian

1 Baguette, in Scheiben
geschnitten

ca. 180 g Gruyère, fein gerieben

Grobes Meersalz und frisch
gemahlener schwarzer Pfeffer

4–6 Portionen

Butter und Öl bei mittlerer Hitze zerlassen. Die Zwiebelringe hinzufügen und bei geringer Hitze in 15–20 Minuten weich dünsten.

Knoblauch und Mehl hinzufügen und unter Rühren 1 Minute lang
anschwitzen. Brühe, Wein, Lorbeer und Thymian dazugeben,
salzen und pfeffern, dann aufkochen. 1 Minute lang kochen lassen,
dann die Hitze reduzieren und 20 Minuten lang leise köcheln lassen. Mit Salz und Pfeffer abschmecken. Am besten lässt man die
Suppe vor dem Servieren noch mindestens 30 Minuten ziehen.

Vor dem Servieren den Grill vorheizen. Die Baguettescheiben auf
ein Backblech legen und unter dem Grill leicht anrösten. Beiseite
stellen. Den Grill nicht ausschalten.

Zum Servieren die Suppe in feuerfeste Suppenschalen füllen und
mit ein paar gerösteten Baguettescheiben belegen. Mit dem geriebenen Käse bestreuen und unter dem Grill überbacken.

Geröstete Zwiebeln mit Würstchen

3 weiße oder rote Zwiebeln (oder eine Mischung aus beiden), in Spalten geschnitten

Olivenöl zum Beträufeln

4 Tafeläpfel

12 kleine grobe Schweins-bratwürstchen

4 Portionen

Den Backofen auf 200 °C vorheizen.

Die Zwiebeln in einen schweren Bräter legen und mit etwas Olivenöl beträufeln.

Die Äpfel entkernen und vierteln. Zu den Zwiebeln in den Bräter geben, mit den Würstchen belegen und mit noch etwas Olivenöl beträufeln.

Im Backofen ca. 30 Minuten lang rösten, nach der Hälfte der Zeit einmal wenden.

Knusprige Zwiebelringe

2 rote Zwiebeln, in 5 mm dicke Scheiben geschnitten

2 weiße Zwiebeln, in 5 mm dicke Scheiben geschnitten

250 ml Buttermilch

55 g Kichererbsenmehl

60 g Maisstärke

1 TL Meersalz

2 Eier

500 ml Pflanzenöl

4 Portionen

Die Zwiebelscheiben in eine große Schüssel geben und in Ringe zerteilen. Die Buttermilch unterrühren. 1 Stunde lang ruhen lassen.

Kichererbsenmehl, Stärke und Salz in eine Schüssel geben. Die Zwiebelringe mit einem Schaumlöffel aus der Buttermilch heben (Buttermilch aufbewahren) und abtropfen lassen. 125 ml der Buttermilch in einer Schüssel mit den Eiern verquirlen. Zur Mehlmischung geben und gründlich zu einem glatten, dickflüssigen Teig verquirlen.

Das Öl in einer Pfanne bei mittlerer bis starker Hitze heiß werden lassen. Eine Handvoll Zwiebelringe im Teig schwenken und mit einem Schaumlöffel herausheben. In der Pfanne ca. 1 Minute goldgelb ausbacken. Mit dem Schaumlöffel aus dem Öl nehmen und auf Küchenpapier abtropfen lassen. Den Vorgang mit den übrigen Zwiebelringen wiederholen. Warm servieren.

Mit auf dem Bild sind Kartoffel-Pastinaken-Kroketten, Rezept siehe Seite 11.

Geschmorte Zwiebeln

750 g kleine Zwiebeln

4 EL Olivenöl

4 Knoblauchzehen, geschält und längs halbiert

1 Zweig Lorbeerblätter

1 TL edelsüßes geräuchertes Paprikapulver (pimentón dulce)

4 EL trockener Weißwein

Grobes Meersalz und frisch gemahlener schwarzer Pfeffer

4 Portionen

Die Zwiebeln schälen, aber das untere Ende nicht abschneiden.

Das Öl in einer hitzebeständigen Kasserolle mit Deckel erhitzen. Zwiebeln, Knoblauch und Lorbeer hinzufügen und bei mittlerer Hitze 5 Minuten garen. Häufig rühren, damit die Zwiebeln nicht braun werden.

Paprikapulver, Salz, Pfeffer und Wein hinzufügen und zugedeckt ca. 25 Minuten lang köcheln, bis die Zwiebeln gerade gar sind (je nach Größe kann das allerdings bis zu 45 Minuten lang dauern).

Eingelegte Zwiebeln

60 g Salz

500 g Schalotten

Gewürzessig

8 gemischte Pfefferkörner

4 Gewürznelken

1 cm Zimtstange

1 cm frischer Ingwer

400 ml Malzessig

1 Einmachglas à 500 ml (siehe Anmerkung auf Seite 4)

Ergibt 500 g

Für die Lake das Salz mit 600 ml Wasser in einem Topf einmal aufkochen, vom Herd nehmen und abkühlen lassen.

Die Schalotten schälen und in eine Schüssel geben. Mit der abgekühlten Lake übergießen und 24 Stunden stehen lassen. Danach die Zwiebeln abgießen, unter kaltem Wasser abspülen und abtrocknen.

Für den Gewürzessig die Zutaten zugedeckt in einem kleinen Topf bei milder Hitze zum Kochen bringen. Vom Herd nehmen und abkühlen lassen, anschließend absiehen.

Die Zwiebeln in das Einmachglas füllen. Mit dem abgekühlten Gewürzessig auffüllen. Seitlich ans Glas klopfen, damit Luftbläschen nach oben steigen. Mit einer Scheibe Wachspapier bedecken, das Glas verschließen und in einem dunklen, kühlen Schrank aufbewahren. Warten Sie mindestens 3 Monate, bevor Sie die Zwiebeln probieren.

Fruchtgemüse

Gefüllte Auberginen ❧ Gegrillte Auberginen mit Zitrone und Minze ❧ **Auberginentarte mit Paprika und Tomaten** ❧ Moussaka ❧ **Gegrillte Aubergine mit Honig und Gewürzen** ❧ Feurige Paprikasuppe **Paprikascones** ❧ Dreifarbige Paprikatajine mit Eiern **Salat aus gegrillten Paprika, Tomaten und Chilis** Roter Paprika-Walnuss-Dip ❧ **Rauchige Paprika-Auberginen-Salsa** ❧ Knackiges Paprika-Mais-Relish **Gefüllte Tomaten à la Casablanca** ❧ Tomaten mit Ziegenkäse und Knoblauchbrot ❧ **Risotto mit dreierlei Tomaten und Basilikum** ❧ Tomatenketchup **Verkehrte Tomatentarte** ❧ Tomatensuppe **Tomaten-Mozzarella-Salat mit Basilikum** Chili-Tomaten-Konfitüre ❧ **Gebackene Tomaten** Maisfrittata mit Spargel und Ziegenkäse ❧ **Mais-Zucchini-Suppe mit Kreuzkümmel** ❧ Gegrillter Mais mit Chili-Limetten-Butter ❧ **Maisbrot mit getrockneten Tomaten** ❧ Tajine mit Artischocken, Kartoffeln und Erbsen ❧ **Gebratene Artischocken mit Thymian und Ricotta**

Auberginen sind vielseitig und sättigend, daher sind sie eine tolle Alternative zu Fleisch. Die im Ofen gebackenen gefüllten Auberginen können entweder als eigenständiges Gericht serviert werden oder als Beilage zu gebratenem und gegrilltem Fleisch. Die Harissa (siehe Anmerkung auf Seite 59) verleiht dem Gericht eine wohlige Wärme. Servieren Sie dazu knuspriges Brot.

Eigentlich superleicht zuzubereiten, aber das Gelingen dieses Gerichts hängt vom perfekten Grillen der Auberginen ab. Bestreichen Sie diese deshalb mit reichlich Öl und achten Sie darauf, dass die Pfanne nicht zu heiß wird, sonst verbrennen die Auberginen, bevor sie gar sind. Wenn Sie mögen, können Sie dem Dressing noch ein wenig gepressten oder gehackten Knoblauch hinzufügen, aber Sie sollten damit zurückhaltend sein, weil das Minze- und Zitronenaroma recht zart ist.

Gefüllte Auberginen

2 Auberginen, längs halbiert

2–3 EL Olivenöl und etwas zusätzlich zum Beträufeln

1 Zwiebel, gehackt

2 Tomaten, enthäutet und gehackt, und 1 Tomate, enthäutet und in dünne Scheiben geschnitten

50 g frische Semmelbrösel, geröstet

2 Knoblauchzehen, gepresst

1 kleines Bund frischer Koriander, gehackt

1–2 TL Harissa

1 TL Zucker

Meersalz und frisch gemahlener schwarzer Pfeffer

4 Portionen

Den Backofen auf 180 °C vorheizen. Die Auberginen mit einem Löffel aushöhlen, das Fruchtfleisch beiseite legen. Die ausgehöhlten Auberginenhälften innen mit Öl einpinseln, auf ein Backblech setzen und im Backofen 4–5 Minuten backen.

In der Zwischenzeit das Fruchtfleisch grob hacken. Das restliche Öl in einer Pfanne erhitzen und die Zwiebeln darin glasig dünsten. Das Auberginenfruchtfleisch dazugeben und ein paar Minuten mitbraten, dann die Tomatenstücke unterrühren. Semmelbrösel, Knoblauch, Koriander, Harissa und Zucker hinzufügen. Mit Salz und Pfeffer abschmecken.

Die Auberginen mit der Mischung füllen. Die Tomatenscheiben auf die Füllung legen, mit ein wenig Olivenöl beträufeln und die Auberginen im vorgeheizten Backofen 20–25 Minuten lang backen. Heiß servieren.

Gegrillte Auberginen
mit Zitrone und Minze

2 mittelgroße Auberginen (ca. 500 g)

Olivenöl zum Bestreichen

Dressing

100 ml natives Olivenöl extra

Fein geriebene Schale und frisch gepresster Saft von 1 Zitrone

2 EL Balsamico-Essig

1–2 TL Zucker

4 EL sehr grob gehackte frische Minze

Meersalz und frisch gemahlener schwarzer Pfeffer

1 Grillpfanne oder 1 Holzkohlengrill

4 Portionen

Für das Dressing Öl, Zitronenschale und -saft und Balsamico in einer Schüssel gründlich verquirlen. Mit Zucker, Salz und Pfeffer abschmecken – die Soße sollte recht süß sein. Die Hälfte der Minze einrühren und beiseite stellen.

Eine Grillpfanne erhitzen oder den Grill anfeuern und warten, bis die Kohlen weiß werden. Jede Aubergine längs in 8 dünne Scheiben schneiden und großzügig mit Öl bestreichen. In die Pfanne oder auf den Grill legen und auf jeder Seite 2–3 Minuten braten bzw. grillen, bis sie goldbraun und leicht angebrannt sind. Die Scheiben auf einer großen Platte anrichten und mit dem Dressing beträufeln.

Zudecken und beiseite stellen, damit die Auberginen das Aroma des Dressings aufnehmen können. Mit den restlichen Minzeblättchen bestreuen und warm oder zimmerwarm servieren.

Auberginen

Diese einfache, aber köstliche Tarte steckt voller saftiger Sommergemüse. Großartig für ein raffiniertes Picknick mit Freunden.

Auberginentarte
mit Paprika und Tomaten

160 g Mini-Auberginen, längs halbiert (oder normale Aubergine, klein geschnitten)

2 große rote Paprikaschoten, entkernt und in Streifen geschnitten

1 große rote Zwiebel, in dünne Scheiben geschnitten

50 ml Olivenöl und zusätzlich zum Beträufeln

1 TL Salz

½ TL zerstoßener schwarzer Pfeffer

100 g Kirschtomaten, halbiert

1 EL gehackte frische Petersilie

110 g reifer Cheddar oder mittelalter Gouda, gerieben

150 g griechischer Joghurt

Pizzateig

220 g Weizenmehl Type 550

1 TL Trockenhefe

½ TL Salz

2 EL Olivenöl

1 Ei

80 ml warmes Wasser

1 Tarteform mit herausnehmbarem Boden und 23 cm Durchmesser, gefettet

Ergibt ca. 8 Stücke

Den Backofen auf 180 °C vorheizen.

Auberginen, Paprika und Zwiebel in einem Bräter (möglichst antihaftbeschichtet) mit Öl beträufeln, salzen und pfeffern. Den Bräter mit Aluminiumfolie abdecken und das Gemüse im Backofen ca. 20 Minuten lang garen, bis es gerade weich ist. Aus dem Ofen nehmen und abkühlen lassen. Dann die Auberginen klein schneiden. Ausgetretenen Saft abgießen.

Die Backofentemperatur auf 170 °C reduzieren.

Für den Teig Mehl, Hefe und Salz in einer Schüssel vermischen. Eine Mulde in die Mitte drücken und Öl, Ei und Wasser hineingeben. Mit den Händen zu einem weichen Teig verarbeiten.

Den Teig auf eine leicht bemehlte Arbeitsfläche legen und ein paar Minuten lang durchkneten. Der Teig sollte weich, aber nicht klebrig sein, sonst noch etwas Mehl unterkneten. Den Teig mit einem Nudelholz 3 mm dick ausrollen.

Die Backform mit dem Teig auslegen, überstehende Ränder noch nicht abschneiden. Beiseite stellen.

Die Tomaten, die Petersilie und die Hälfte des Käses unter das Gemüse rühren und beiseite stellen.

In einer separaten Schüssel den Joghurt und den restlichen Käse miteinander verrühren und auf den Teig streichen.

Das geröstete Gemüse gleichmäßig über dem Joghurt verteilen. Jetzt überstehenden Teig am Rand der Backform abschneiden. Die Tarte im Backofen 25–30 Minuten lang backen. Aus dem Ofen nehmen und abkühlen lassen.

✳ Tipp

Wenn man mit Auberginen kocht, benötigt man viel Öl, weil dieses die Hitze ins Gemüse zieht und so dafür sorgt, dass es gart und saftig bleibt. Wenn man Auberginen vor dem Garen salzt, dann nimmt das Fruchtfleisch weniger Öl auf und man erhält ein gesünderes, weniger fettiges Ergebnis. Lösen Sie eine Handvoll Salz in einer Schüssel mit kaltem Wasser auf und geben Sie die in Scheiben oder Würfel geschnittenen Auberginen hinein. Legen Sie einen Deckel oder Teller auf die Auberginen, damit sie unter Wasser bleiben, und lassen Sie sie 1 Stunde lang stehen. Schütten Sie die Auberginen anschließend in einen Durchschlag, spülen Sie sie ab und tupfen Sie sie mit Küchenpapier trocken. Nun können Sie sie wie im Rezept beschrieben verwenden.

In manchen Rezepten für die traditionelle griechische Moussaka werden neben Auberginen auch Kartoffeln verwendet, in anderen nur Kartoffeln. Diese hier besteht lediglich aus Auberginen. Außerdem wird Joghurt statt Béchamelsoße verwendet. Am besten bereitet man die Moussaka einen Tag im Voraus zu, bewahrt sie im Kühlschrank auf und backt sie kurz vor dem Servieren. Die in der Pfanne gegrillte Aubergine auf marokkanische Art strotzt nur so von scharfen, würzigen, süßen und fruchtigen Aromen. Das Gericht ist einfach in der Zubereitung.

Moussaka

1 Zwiebel, gehackt

4–5 EL Olivenöl

500 g Lammhackfleisch

2 Knoblauchzehen, fein gehackt

½ TL gemahlener Piment

¼ TL gemahlener Zimt

2 TL getrockneter Oregano

125 ml Rotwein

2 Dosen Tomatenstücke à 400 g

1 Lorbeerblatt und zusätzlich zum Garnieren

1 Pr Zucker

3 mittelgroße Auberginen, quer in 1 cm dicke Scheiben geschnitten

Meersalz und frisch gemahlener schwarzer Pfeffer

Für den Belag

350 g griechischer Joghurt

2 Eier, verquirlt

150 g Fetakäse, zerbröckelt

1 große Handvoll frische Minze, gehackt

3 EL frisch geriebener Parmesan

1 20 × 30 cm große Auflaufform

6 Portionen

Die Zwiebel in einer großen Pfanne in 1 Esslöffel Öl in 3–5 Minuten glasig dünsten. Das Lammfleisch hinzufügen, gut würzen und unter Rühren 5 Minuten lang braun braten. Knoblauch, Piment, Zimt und Oregano hinzufügen und 1 Minute lang mitbraten. Den Wein angießen und 1 Minute kochen. Tomaten, Lorbeer und Zucker untermischen. Ohne Deckel leise köcheln lassen, während die Auberginen vorbereitet werden.

Den Backofen auf 200 °C vorheizen.

Ein paar Esslöffel Öl in einer großen antihaftbeschichteten Pfanne erhitzen. Die Auberginenscheiben portionsweise beidseitig so lange braten, bis sie gebräunt sind, nötigenfalls mehr Öl hinzufügen. Anschließend auf Küchenpapier abtropfen lassen.

Joghurt, Eier und Feta mit einer Gabel gut vermischen. Gut salzen und pfeffern und die Minze unterrühren. Beiseite stellen.

Die Hälfte der Fleischmasse auf dem Boden der Auflaufform verteilen und mit der Hälfte der Auberginen belegen. Vorgang wiederholen. Die Joghurtmischung auf die Auberginenscheiben geben und glattstreichen. Mit dem Parmesan bestreuen und mit Lorbeerblättern dekorieren. Im Backofen ca. 40–50 Minuten lang backen, bis die Moussaka goldbraun ist und brodelt. Sofort servieren.

Gegrillte Aubergine mit Honig und Gewürzen

8 Auberginen, längs in dicke Scheiben geschnitten

Olivenöl zum Bestreichen

2–3 Knoblauchzehen, gepresst

1 daumengroßes Stück Ingwer, geschält und zerdrückt

1 TL gemahlener Kreuzkümmel

1 TL Harissa*

5 EL flüssiger Honig

Frisch gepresster Saft von 1 Zitrone

Meersalz

1 kleines Bund glatte Petersilie, fein gehackt

Couscous als Beilage

4 Spieße aus Holz oder Metall zum Servieren (nach Belieben)

4 Portionen

Die Auberginenscheiben mit Olivenöl einpinseln und in einer Grillpfanne oder unter dem Grill im Backofen leicht braun werden lassen, dabei einmal wenden.

Den Knoblauch in einem Wok in etwas Olivenöl anbraten, dann Ingwer, Kreuzkümmel, Harissa, Honig und Zitronensaft einrühren. Zum Verdünnen ein wenig Wasser hinzufügen, die Auberginenscheiben in die Flüssigkeit legen und ca. 10 Minuten lang köcheln lassen, bis sie die Soße aufgesogen haben. Bei Bedarf noch mehr Wasser hinzufügen und mit Salz abschmecken.

Die Auberginen auf die Spieße stecken (falls verwendet) und mit der Petersilie garnieren. Heiß oder zimmerwarm als eigenständiges Gericht mit Couscous oder als Beilage zu gegrilltem Fleisch servieren.

*Anmerkung Harissa ist eine teuflisch scharfe rote Chilipaste aus Nordafrika, wo sie häufig zum Würzen verwendet wird.

Diese feurige Suppe wird Sie an einem kalten Tag von innen wärmen. Wenn Sie sie für Kinder zubereiten, sollten Sie aber die Chilis weglassen und 500 ml Milch vermischt mit 500 ml Brühe verwenden. Die perfekten Begleiter zur Suppe sind diese köstlichen Paprikascones. Das Geheimnis guter Scones besteht ganz einfach darin, sie schön dick zu machen. Wenn Sie die hier noch warm mit Butter servieren, sind sie unwiderstehlich.

Feurige Paprikasuppe

6 mittelgroße rote Paprikaschoten

375 g Karotten

1–2 frische rote Chilis

750 g reife Flaschentomaten

3 große Knoblauchzehen,
geschält

6 EL Olivenöl

2 TL edelsüßes geräuchertes Paprikapulver (pimentón dulce)

1,2 l Gemüse- oder Rinderbrühe

Meersalz und frisch gemahlener schwarzer Pfeffer

Knusprig gebratene Speck-
streifen zum Servieren

8 Portionen

Den Backofen auf 200 °C vorheizen.

Den Stielansatz von den Paprikaschoten abschneiden, die Schoten halbieren, die Kerne herauskratzen. Die Karotten schälen und in grobe Stifte schneiden.

Falls Chilis verwendet werden, die Stielansätze abschneiden, die Schoten halbieren und die Kerne entfernen (dabei Handschuhe tragen).

Paprika, Karotten, Chilis, Tomaten und Knoblauch nicht zu dicht in große Bräter geben und im Olivenöl schwenken. Gut salzen und pfeffern und im Backofen ca. 30 Minuten lang rösten, bis alles Gemüse gar und an den Kanten dunkel ist.

Das Gemüse in einem Mixer mit dem Paprikapulver und der Brühe portionsweise glatt pürieren. Falls die Suppe zu dickflüssig ist, etwas mehr Brühe hinzufügen. Die Suppe bis kurz vor dem Siede-punkt erhitzen, mit Salz und Pfeffer abschmecken, die Speck-streifen über der Suppe zerkrümeln und servieren.

Paprikascones

225 g Mehl

3 TL Backpulver

50 g Butter in Stückchen

1 TL Rosmarinnadeln, frisch gehackt, und 10 kleine Zweige

100 g geröstete rote Paprika, abgetropft und fein gehackt

1 Ei

50 ml Milch und etwas zusätz-lich zum Glasieren

Ergibt 10–12 Stück

Den Backofen auf 220 °C vorheizen.

Das Mehl mit der Butter in der Küchenmaschine oder mit den Fingerspitzen zu Krümeln verarbeiten. Backpulver, gehackten Rosmarin, 1 Prise Salz und die Paprika untermischen. Das Ei mit der Milch verquirlen, dann zum Mehl gießen und mit einem Messer zu einem glatten Teig verrühren.

Den Teig auf einer leicht bemehlten Arbeitsfläche mindestens 2 cm dick ausrollen und 5 cm große Kreise ausstechen. Teigreste zusam-menkneten und den Vorgang so oft wiederholen, bis es 10–12 Teig-kreise sind.

Die Rosmarinzweige in die Scones stecken, diese auf ein Back-blech setzen, mit Milch bestreichen und in 15 Minuten goldbraun backen.

Saftige, süße, sonnengereifte Paprika spielen in der Küche Marokkos eine große Rolle. Die mild-aromatische Würze des gekochten Salats ist genau das Richtige für einen warmen Sommerabend. Die Tajine ist eines der Gerichte, die man in Marokko an Straßenständen und in Arbeiterlokalen findet. Schnell, einfach und farbenfroh, eignet sich das großartige Gericht als Mittagessen oder leckere Zwischenmahlzeit. Servieren Sie zu beiden Gerichten warmes Fladenbrot.

Dreifarbige Paprika-tajine mit Eiern

2 EL Olivenöl oder Ghee

1 Zwiebel, längs halbiert und in Scheiben geschnitten

2–3 Knoblauchzehen, gehackt

1–2 TL Korianderkörner

1 TL Kreuzkümmelsamen

3 Paprikaschoten (grün, rot und gelb), entkernt und in Scheiben geschnitten

2 EL grüne Oliven, entsteint und in feine Scheiben geschnitten

Meersalz und frisch gemahlener schwarzer Pfeffer

4–6 sehr frische Eier

1 TL Paprikapulver oder Chiliflocken

1 kleines Bund glatte Petersilie, grob gehackt

Warmes Fladenbrot zum Servieren

4–6 Portionen

Das Olivenöl in einer Tajine, einer Auflaufform oder einer schweren Bratpfanne erhitzen. Zwiebeln, Knoblauch, Koriander und Kreuzkümmel hinzufügen und unter Rühren so lange braten, bis die Zwiebeln weich werden. Paprika und Oliven hinzufügen und so lange braten, bis sie Farbe annehmen. Gut salzen und pfeffern.

Mit einem Löffel das Gemüse etwas beiseite schieben und kleine Mulden für die Eier schaffen. Die Eier in diese Mulden aufschlagen und das Kochgefäß für 4–5 Minuten mit einem Deckel verschließen, bis die Eier gar sind. Mit dem Paprikapulver und der Petersilie bestreuen. Sofort aus der Tajine bzw. der Pfanne mit warmem Fladenbrot servieren.

Salat aus gegrillten Paprika, Tomaten und Chilis

2 grüne Paprikaschoten

3–4 lange Gemüsepaprikaschoten

400 g reife Tomaten, enthäutet (siehe Anmerkung auf Seite 69)

¼ TL edelsüßes geräuchertes Paprikapulver (pimentón dulce)

¼ TL gemahlener Kreuzkümmel

1 EL frisch gepresster Zitronensaft

2 EL Olivenöl

20 g eingelegte Jalapeños in Scheiben, abgespült und fein gehackt

1 gehäufter EL fein gehackte Petersilie

Meersalz und frisch gemahlener schwarzer Pfeffer

6 Portionen

Um die Paprikaschoten zu enthäuten, kann man sie entweder unter häufigem Wenden über eine kleine Gasflamme legen, bis die Haut verkohlt, oder sie halbieren, mit der Hautseite nach oben auf ein Backblech legen und bei starker Hitze so lange grillen, bis die Haut schwarz wird. Die Paprika in einer Schüssel mit Frischhaltefolie abdecken (der eingeschlossene Dampf sorgt dafür, dass sich die Haut löst). Abkühlen lassen, dann häuten.

Die Paprikaschoten entkernen, in dicke Streifen schneiden und mit den Tomaten in eine Servierschüssel geben. Paprikapulver und Kreuzkümmel in einer kleinen Schüssel mit dem Öl und dem Zitronensaft verrühren. Mit Salz und Pfeffer abschmecken. Die Salatsoße über die Paprika geben, die Jalapeños und die Petersilie hinzufügen und alles vermischen.

Paprika   63

Dieser traditionelle syrische Dip heißt „Muhammara". In seinem Herkunftsland serviert man ihn gern als Teil einer Vorspeisenplatte zusammen mit Hummus, Auberginendip (Baba Ghanoush), Oliven, eingelegtem Gemüse, Käse und Fladenbrot. Er schmeckt auch gut als Würzsoße zu gebratenem oder gegrilltem Fisch oder Lammfleisch. Da der Dip davon profitiert, wenn er einen Tag im Voraus zubereitet wird, eignet er sich perfekt für die Bewirtung von Gästen.

Roter Paprika-Walnuss-Dip

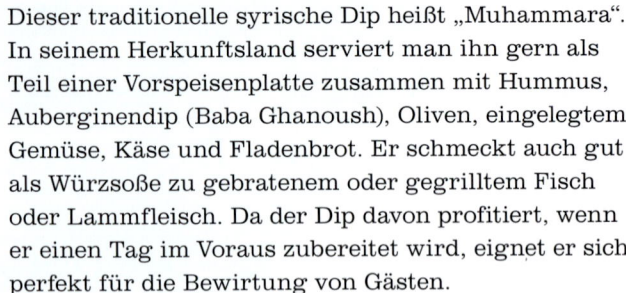

3 große rote Paprikaschoten

1 Scheibe Sauerteigbrot vom Vortag, in kleine Stücke geschnitten

100 g Walnusshälften, grob gehackt

½ TL Chiliflocken

1 EL Paste aus getrockneten Tomaten

2 Knoblauchzehen, gehackt

2 TL frisch gepresster Zitronensaft

1 EL Balsamico-Essig

2 TL extrafeiner Streuzucker

1 TL gemahlener Kreuzkümmel

2 EL Olivenöl und etwas zusätzlich zum Servieren

Gehackte Pistazien zum Bestreuen

Meersalz und frisch gemahlener schwarzer Pfeffer

Getoastetes Fladenbrot, in grobe Stücke geteilt, zum Servieren

6–8 Portionen

Garen Sie die Paprika einzeln, indem Sie je eine Schote mit einer Gabel aufspießen und für 10–15 Minuten direkt über einer Gasflamme rösten, bis die Haut rundherum schwarz ist. Oder legen Sie die Paprikaschoten auf ein Backblech und schieben Sie sie für 10–15 Minuten in einen auf 220 °C vorgeheizten Backofen, bis die Haut Blasen wirft und rundherum schwarz wird. In einer Schüssel mit einem Geschirrtuch abdecken und abkühlen lassen.

Die Haut und die Kerne der Paprika entfernen und das Fruchtfleisch in Stücke zupfen. (Spülen Sie die Paprika nach Möglichkeit nicht mit Wasser ab, weil dadurch das Röstaroma verloren geht.) Die Paprika zusammen mit den restlichen Zutaten in einer Küchenmaschine zu einer groben Paste verarbeiten. Mit Salz und Pfeffer abschmecken und in eine Schüssel umfüllen. Mit Frischhaltefolie bedecken und für 8 Stunden, besser noch über Nacht, kalt stellen, damit sich die Aromen voll entfalten können.

Zum Servieren den Dip mit Olivenöl beträufeln, mit Pistazien bestreuen und zimmerwarm mit in Stücke gebrochenem, getoastetem Fladenbrot servieren. In einem luftdichten Behälter hält sich der Dip im Kühlschrank 4–5 Tage.

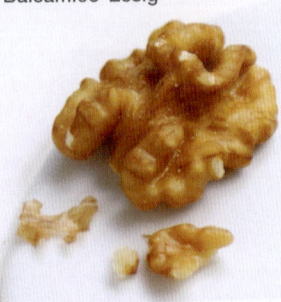

Rote Gemüsepaprika eignen sich großartig als Basis für Würzsoßen, die man zu allen möglichen Gerichten reichen kann. Die Salsa aus Paprika und Auberginen mit Räucheraroma schmeckt ganz toll zu Gegrilltem, vor allem auf Hacksteaks und Würstchen. Frischer Mais und farbenfrohe Paprika ergeben ein leuchtendes, knackiges Relish. Sie können es am Tag seiner Zubereitung servieren, aber durchgezogen schmeckt es noch besser.

Rauchige Paprika-Auberginen-Salsa

2 rote Paprikaschoten	½ TL Meersalz
1 Aubergine	1 EL frisch gepresster Zitronen-saft
3 EL Olivenöl	
1 rote Zwiebel, fein gehackt	1 kleines Bund glatte Petersilie, gehackt
3 Knoblauchzehen, gehackt	
1–2 TL rote Chili, fein gehackt	2 EL frisch gehackter Dill
1 TL Zucker	2 TL gemahlener Sumach*

Ergibt ca. 625 ml

Die Aubergine und die Paprikaschoten direkt über der Flamme eines Gasbrenners oder Grills oder unter dem vorgeheizten Grill des Backofens unter regelmäßigem Wenden so lange rösten, bis sie vollständig schwarz und weich sind. In einer großen Schüssel zugedeckt 10 Minuten lang abkühlen lassen. Die verkohlte Haut abziehen, die Stielansätze und die Samen der Paprika entfernen und das Fruchtfleisch sehr fein hacken. Von der Aubergine den Stiel abschneiden und das Fruchtfleisch ebenfalls sehr fein hacken.

1 Esslöffel Olivenöl in einer Bratpfanne erhitzen, Zwiebel und Knoblauch darin in 5 Minuten glasig dünsten. Mit der Paprika und der Aubergine, dem restlichen Öl, Chili, Zucker, Salz, Zitronensaft, Petersilie sowie Dill in einer großen Schüssel gründlich vermischen. In eine Servierschüssel umfüllen und mit Sumach bestreuen. Die Salsa hält sich im Kühlschrank 3 Tage lang.

*Anmerkung Sumach ist ein Gewürz, das in der türkischen, libanesischen und iranischen Küche häufig Verwendung findet. Die roten Beeren besitzen ein angenehm säuerlich-fruchtiges Aroma. Sie werden im Ganzen verwendet, aber gemahlener Sumach ist in orientalischen Lebensmittelgeschäften oder übers Internet erhältlich.

Knackiges Paprika-Mais-Relish

3 Paprikaschoten (1 rote, 1 gelbe und 1 orange)	½ TL Korianderkörner
	½ TL schwarze Pfefferkörner
Maiskörner von 2 Kolben	6 kleine getrocknete Chili-schoten
1 rote oder weiße Zwiebel, gehackt	375 ml Weißweinessig
4 EL Meersalz	115 g Zucker
1 TL weiße Senfkörner	¼ TL Kurkuma
½ TL Kreuzkümmelsamen	

Ergibt ca. 900 ml

Die Stielansätze von den Paprikaschoten entfernen. Die Paprika in 2 cm große Würfel schneiden und mit den Maiskörnern und der Zwiebel in einen Durchschlag geben, salzen und 2–4 Stunden lang stehen lassen. Unter kaltem Wasser abspülen und trocken schütteln.

Einen Topf bei mittlerer Hitze erwärmen. Senfkörner, Kreuzkümmel, Koriander, Pfefferkörner und Chilischoten hinzufügen und 1 Minute lang unter Rühren rösten, bis die Mischung duftet. Essig, Zucker und Kurkuma hinzufügen und unter Rühren zum Kochen bringen, damit sich der Zucker auflöst.

Das Gemüse in den Essig geben, zudecken und aufkochen.

Wenn das Relish gleich verwendet werden soll, unter gelegentlichem Rühren abkühlen lassen. Zum Konservieren das noch heiße Relish in sterilisierte Gläser füllen und diese verschließen (siehe Anmerkung auf Seite 4). Richtig verschlossen hält sich das Relish 2 Monate lang.

Tomaten mit Ziegenkäse und Knoblauchbrot

500 ml natives Olivenöl extra

1 Zweig frischer Oregano

2 TL fein gehackte glatte Petersilie

6 sehr reife Roma-Tomaten

½ TL Meersalz

200 g Ziegenfrischkäse

1 kleines Baguette

2 Knoblauchzehen, geschält

4 Portionen

Den Backofen auf 130 °C vorheizen.

Öl in eine kleine Auflaufform füllen, Oregano und Petersilie hinzufügen. Die Tomaten halbieren und nebeneinander in die Form legen. Idealerweise sollten die Tomaten fast vollständig mit Öl bedeckt sein. Das Salz gleichmäßig über die Tomaten streuen. Im Backofen ca. 5 Stunden lang garen, bis die Tomaten tiefrot und weich sind, aber noch ihre Form besitzen. Aus dem Backofen nehmen und vollständig abkühlen lassen.

Den Ziegenkäse in eine Servierschüssel füllen.

Den Grill vorheizen. Das Baguette in sehr dünne Scheiben schneiden und von beiden Seiten goldgelb und knusprig rösten. Je eine Seite mit den geschälten Knoblauchzehen einreiben.

Die Tomaten aus dem Öl nehmen und auf einer Servierplatte anrichten, den Ziegenkäse und das Knoblauchbrot dazu reichen.

Kaum etwas gehört so sehr zum Sommer wie reife, saftige Tomaten, die so lange gebacken werden, bis sie süß sind. In Casablanca sind diese mit Couscous und Kräutern gefüllten Tomaten eine beliebte Vorspeise, sie werden aber auch als eigenständiges Gericht mit Salat serviert. Für beide Gerichte ist es entscheidend, dass sehr reife Tomaten verwendet werden.

Gefüllte Tomaten à la Casablanca

150 g Couscous

½ TL Salz

150 ml warmes Wasser

3–4 EL Olivenöl und etwas zusätzlich zum Beträufeln

4 große Tomaten

1 Zwiebel, fein gehackt

1 Karotte, geschält und gewürfelt

1 große Pr Zucker

1–2 TL Ras el-Hanout

je 1 Bund glatte Petersilie und Koriander, fein gehackt

½ eingelegte Zitrone, fein gehackt

Meersalz und frisch gemahlener schwarzer Pfeffer

4 Portionen

Den Backofen auf 180 °C vorheizen.

Den Couscous in eine Schüssel geben. Das Salz mit dem warmen Wasser vermischen und dieses unter ständigem Rühren über den Couscous gießen, damit das Wasser gleichmäßig aufgenommen wird. 10 Minuten quellen lassen. Anschließend mit den Fingern 1 Esslöffel Öl untermischen, um den Couscous aufzulockern.

Von jeder Tomate einen Deckel abschneiden und beiseite legen. Mit einem Löffel die Tomaten aushöhlen, Fruchtfleisch und Kerne in eine Schüssel geben. Das restliche Olivenöl in einem schweren Topf erhitzen und die Zwiebel und die Karotte darin so lange braten, bis sie anfangen zu karamellisieren. Das Tomatenfruchtfleisch und den Zucker unterrühren. Ras el-Hanout hinzufügen und die Mischung zu einer dicken Soße einköcheln lassen. Mit Salz und Pfeffer abschmecken.

Die Tomatenmischung über den Couscous geben und gründlich untermischen. Die frischen Kräuter und die eingelegte Zitrone hinzufügen und alles gut vermischen. Die Tomaten mit dem Couscous füllen und die Deckel wieder auflegen. In eine Auflaufform setzen, mit Olivenöl beträufeln und im Backofen ca. 25 Minuten lang backen. Heiß oder zimmerwarm servieren.

Risotto mit dreierlei Tomaten und Basilikum

400 g Mini-Flaschentomaten

4 EL Olivenöl

ca. 1 l heiße Gemüsebrühe

500 ml passierte Tomaten

125 g Butter

1 Zwiebel, fein gehackt

8 Stück getrocknete oder halbgetrocknete Tomaten (nicht in Öl eingelegt), klein geschnitten

400 g Risottoreis, vorzugsweise Vialone nano

150 ml leichter Rotwein

50 g Parmesan, frisch gerieben

4 EL fein geschnittener Basilikum

Meersalz und frisch gemahlener schwarzer Pfeffer

Basilikumblättchen zum Garnieren

Frisch geriebener Parmesan zum Servieren

4 Portionen

Den Backofen auf 200 °C vorheizen.

Die Mini-Flaschentomaten in einem Bräter mit dem Olivenöl begießen. Die Tomaten gründlich im Öl schwenken, salzen und pfeffern. Im Backofen ca. 20 Minuten lang backen, bis sie leicht zusammengefallen sind und die Haut anfängt zu bräunen. Aus dem Backofen nehmen und beiseite stellen.

Die Brühe und die passierten Tomaten in einem Topf zum Sieden bringen. Die Hälfte der Butter in einem schweren Topf zerlassen und die Zwiebel und klein geschnittenen getrockneten Tomaten 10 Minuten lang dünsten, bis die Zwiebeln weich, goldgelb und glasig sind. Den Reis hineinrühren. Den Wein angießen, aufkochen und so lange kochen lassen, bis er fast verdampft ist.

Nach und nach die Brühe hinzufügen: Je eine große Kelle Brühe zum Reis gießen und behutsam rühren, bis der Reis die Brühe fast vollständig aufgenommen hat. Der Risotto sollte die ganze Zeit über am Köcheln gehalten werden. Fahren Sie fort, bis der Reis gar und der Risotto cremig ist, die Reiskörner aber noch fest sind (je nach Reissorte dauert das 15–20 Minuten).

Mit Salz und Pfeffer abschmecken, die restliche Butter, den Parmesan und das klein geschnittene Basilikum unterrühren. Es kann jetzt auch noch ein bisschen mehr Brühe hinzugefügt werden, um den Risotto lockerer zu machen – er sollte vergleichsweise flüssig sein. Zudecken und ein paar Minuten ruhen lassen, damit der Käse schmelzen kann. Vorsichtig in vorgewärmte Schüsseln schöpfen. Die gerösteten Tomaten auf dem Risotto verteilen, mit eventuell ausgetretenem Saft beträufeln. Die Basilikumblättchen aufstreuen und sofort mit geriebenem Parmesan servieren.

Tomaten-Reis-Suppe in Bestform! Seinen intensiven Tomatengeschmack erhält dieser Risotto auf dreierlei Art: In die Brühe kommen passierte Tomaten, getrocknete Tomaten geben ihr Karamellaroma tief im Risotto ab, und bekrönt wird das Ganze von winzigen, reifen und zu perfekter Süße gerösteten Flaschentomaten. Warm schmeckt er köstlich, aber auch die Reste sind unwiderstehlich und schmecken wunderbar direkt aus dem Topf.

✳ Tipp

Wenn Sie für ein Gericht Tomaten häuten müssen, schneiden Sie die Tomaten in der Nähe des Stielansatzes mit einem scharfen Messer etwas ein, legen Sie sie in eine hitzebeständige Schüssel und übergießen Sie sie mit kochendem Wasser. Nach einer Minute das heiße Wasser abgießen und die Tomaten mit kaltem Wasser bedecken. Jetzt sollten sie sich leicht häuten lassen.

Tomatenketchup

2 kg Tomaten

3 TL Meersalz

1 kleines Bund frischer Thymian, Blättchen abgezupft

2 EL Olivenöl

1 weiße Zwiebel, gehackt

1 TL Pimentkörner

½ TL Gewürznelken

½ TL schwarze Pfefferkörner

400 g Zucker

1 TL trockenes Senfpulver

500 ml Apfelessig

Ergibt ca. 1,5 l

Den Backofen auf 150 °C vorheizen.

Die Tomaten halbieren und mit der Schnittfläche nach oben in einen Bräter legen. Mit 2 Teelöffeln Salz und den Thymianblättchen bestreuen und mit 1 Esslöffel Öl beträufeln. Im Backofen 1½ Stunden lang backen.

Das restliche Öl in einem großen Topf erwärmen und die Zwiebel darin bei mittlerer Hitze 10 Minuten lang goldgelb dünsten.

Piment, Nelken und Pfefferkörner in einem Mörser zu Pulver zerstoßen. Zur Zwiebel geben und 1 Minute lang mitdünsten. Die gebackenen Tomaten, Zucker, Senfpulver, Essig und das restliche Salz hinzufügen und zum Kochen bringen. Das Ketchup ohne Deckel ca. 30 Minuten leise köcheln. Gelegentlich rühren.

Im Mixer oder mit dem Pürierstab zu einer dicken Soße pürieren. In sterilisierte Flaschen füllen und verschließen (siehe Anmerkung auf Seite 4).

Das Ketchup hält sich richtig verschlossen sowie kühl und dunkel gelagert bis zu 1 Jahr.

Frisches, selbstgemachtes Ketchup schmeckt weit besser als gekauftes, weil es den echten Geschmack reifer Tomaten einzufangen vermag. Für dieses Rezept müssen die Tomaten langsam geröstet werden, weil dadurch ein intensiveres Aroma erreicht wird. Auch die Tarte fängt die Süße sonnengereifter Tomaten perfekt ein. Im Grunde ist sie eine Tomaten-Tarte-Tatin, aromatisiert mit frischem Rosmarin und kleinen Kapern. Je nach Vorliebe können Sie aber auch andere Zutaten verwenden, z. B. ligurische Oliven, Knoblauch, Oregano oder Sardellen.

Verkehrte Tomatentarte

2 EL natives Olivenöl extra und etwas zusätzlich zum Beträufeln

2 TL kleine in Salz eingelegte Kapern, abgespült

10–12 frische Rosmarinnadeln

3 reife Tomaten, in dicke Scheiben geschnitten

375 g gebrauchsfertiger Blätterteig, Tiefkühlware aufgetaut

Zerstoßener schwarzer Pfeffer

1 antihaftbeschichtete, hitzebeständige Bratpfanne mit 20–23 cm Durchmesser

4 Portionen als Vorspeise

Den Backofen auf 220 °C vorheizen.

Das Öl, die Kapern und den Rosmarin in einer hitzebeständigen antihaftbeschichteten Bratpfanne auf hoher Stufe erhitzen. Wenn die Kapern anfangen zu zischen, die Tomatenscheiben nebeneinander in die Pfanne legen und festdrücken. 3–4 Minuten lang braten, damit die Tomaten weich werden.

Die Teigplatte über die Tomaten legen und die Ecken nach innen klappen. Dabei nicht auf die Tomaten drücken. Die Tarte im Backofen 18–20 Minuten lang backen, bis der Teig aufgegangen und goldgelb ist. Die Pfanne aus dem Backofen nehmen und die Tarte ein paar Minuten lang ruhen lassen.

Die Tarte auf einen Servierteller stürzen, der größer ist als die Pfanne. Zum Servieren mit zerstoßenem schwarzem Pfeffer bestreuen, mit Olivenöl beträufeln und in 4 Stücke schneiden.

Tomatensuppe

1 EL Olivenöl

1 Stückchen Butter

1 Zwiebel, geschält und fein gehackt

1 Knoblauchzehe, fein gehackt

12 reife Tomaten, halbiert

750 ml Gemüsebrühe

1 Pr feiner hellbrauner Zucker

Frisch gemahlener schwarzer Pfeffer

Etwas Crème double (nach Belieben)

4 Portionen

Öl und Butter in einem Topf erhitzen, Zwiebel und Knoblauch darin braten, bis sie weich, aber nicht zu braun sind. Die Tomaten hinzu-fügen und unter gelegentlichem Rühren ca. 20 Minuten köcheln lassen, bis sie zu Brei geworden sind und ein Großteil der Flüssig-keit verdampft ist.

Die Brühe hinzufügen und zum Kochen bringen. Die Hitze reduzie-ren und die Suppe 15 Minuten lang sanft köcheln lassen.

Die Suppe mit dem Pürierstab oder in der Küchenmaschine pürie-ren. Zurück in den Topf füllen und nochmals heiß werden lassen. Zucker und Pfeffer hinzufügen. Wenn Sie möchten, dass die Suppe richtig cremig wird, können Sie ein wenig Crème double dazu-geben.

Tomaten-Mozzarella-Salat mit Basilikum

2 Kugeln Büffelmozzarella, je 150 g

2 große reife Tomaten, ungefähr so groß wie die Mozzarellakugeln

50 g frische Basilikumblätter

ca. 100 ml natives Olivenöl extra

Meersalz und frisch gemah-lener schwarzer Pfeffer

4 Portionen

Den Mozzarella und die Tomaten in ca. 5 mm dicke Scheiben schneiden. Die Tomatenscheiben auf einem großen Teller anrichten und würzen. Auf jede Tomatenscheibe eine Scheibe Mozzarella und ein Basilikumblatt legen. Die restlichen Basilikumblätter zer-rupfen und darüberstreuen. Unmittelbar vor dem Servieren mit reichlich Olivenöl beträufeln. Sofort zimmerwarm servieren.

Chili-Tomaten-Konfitüre

500 g reife Tomaten, in grobe Stücke geschnitten

4 rote Vogelaugenchili-Schoten, grob zerkleinert

2 Knoblauchzehen, geschält

1 TL geriebener frischer Ingwer

2 EL helle Sojasoße

200 g Palmzucker, gerieben

75 ml Weißweinessig

½ TL Meersalz

Ergibt 300 ml

Die Tomaten, die Chilischoten und den Knoblauch in einer Küchen-maschine glatt pürieren. In einen Topf umfüllen und die restlichen Zutaten hinzufügen. Zum Kochen bringen und unter gelegent-lichem Rühren 30–40 Minuten lang sanft köcheln lassen, bis die Masse dick und marmeladenartig ist.

In eine sterilisierte Flasche oder ein sterilisiertes Glas füllen (siehe Anmerkung auf Seite 4) und abkühlen lassen, dann verschließen. Nach dem ersten Öffnen im Kühlschrank aufbewahren.

Gebackene Tomaten

500 g reife Kirschtomaten

Olivenöl zum Beträufeln

2 Knoblauchzehen, ungeschält

1 Zweig frischer Rosmarin

4 Portionen

Den Backofen auf 180 °C vorheizen.

Die Tomaten in einem Bräter mit ein wenig Olivenöl beträufeln, Knoblauch und Rosmarin hinzufügen. Im Backofen 35 Minuten lang backen, bis sie verschrumpelt aussehen.

Die Frittata eignet sich großartig als schnelles und unkompliziertes Abendessen. Knackiger Mais und Spargel bilden mit frischen Eiern, cremigem Ziegenkäse und frischem würzigen Dill eine tolle Kombination. Die Suppe ist von der Küche des amerikanischen Südwestens inspiriert. Die Chilischärfe ist eher zurückhaltend, lässt sich aber nach Belieben erhöhen. Sie können die Suppe auch pürieren, wenn Sie eine dickere, einem Eintopf ähnelnde Konsistenz bevorzugen.

Maisfrittata mit Spargel und Ziegenkäse

2 Bund dünne Spargelstangen	8 Eier, verquirlt
50 g Butter	200 g fester Ziegenkäse, in Stücke gebrochen
2 Maiskolben, frisch entkernt	
4 Frühlingszwiebeln, fein gehackt	Meersalz und frisch gemahlener schwarzer Pfeffer
1 Handvoll frischer Dill, gehackt	**4 Portionen**

Die holzigen Enden von den Spargelstangen abschneiden und die Stangen in 2–3 cm lange Stücke schneiden.

Die Hälfte der Butter in einer großen, antihaftbeschichteten Pfanne bei mittlerer Hitze erwärmen. Spargel, Mais und Frühlingszwiebeln unter häufigem Rühren 2–3 Minuten darin braten. Das Gemüse in eine große Schüssel füllen und den Dill hinzufügen. Ein wenig Dill als Garnitur zurückbehalten. Die Pfanne ausreiben. Die Eier über das Gemüse gießen, behutsam verrühren und gut mit Salz und Pfeffer würzen.

Den Grill auf hoher Stufe vorheizen. Die restliche Butter bei starker Hitze in der Pfanne zerlassen. Die Frittatamasse einfüllen und die Hitze auf mittlere Stufe reduzieren. Die Ziegenkäsestücke auf der Frittata verteilen und vorsichtig hineindrücken. Die Frittata ca. 8 Minuten lang backen, bis sie an den Rändern aufgeht (wenn Sie den Eindruck haben, dass sie von unten zu schnell gart, sollten Sie die Hitze weiter reduzieren).

Die Frittata in der Pfanne für 1 Minute unter den vorgeheizten Grill stellen, damit die Oberseite fest wird. Ein wenig in der Pfanne abkühlen lassen, dann mit Dill garniert sofort servieren.

Mais-Zucchini-Suppe mit Kreuzkümmel

3 EL natives Olivenöl extra	1 rote Chilischote, entkernt und in Ringe geschnitten
2 Zwiebeln, halbiert und in Scheiben geschnitten	1 l frische ungesalzene Hühner- oder Gemüsebrühe
3 Zucchini, ca. 600 g, längs geviertelt, dann in Scheiben geschnitten	Meersalz
2–3 Kartoffeln, ca. 300 g, gewürfelt	**Zum Servieren**
	Crème fraîche oder Sahne
4 Knoblauchzehen, in Scheiben geschnitten	Gehacktes Koriandergrün
	Tabasco
2 Maiskolben, frisch entkernt	
1 TL gemahlener Kreuzkümmel	**4 Portionen**

Öl in einem Topf erhitzen. Zwiebeln, Zucchini, Kartoffeln und etwas Salz hinzufügen und ca. 5 Minuten lang bei starker Hitze braten, bis das Gemüse bräunt.

Knoblauch, Mais, Kreuzkümmel und Chili hinzufügen und unter Rühren 1 Minute mitbraten. Die Brühe und 250 ml Wasser angießen, mit Salz abschmecken. Einmal aufkochen lassen, dann die Hitze reduzieren und die Suppe 15–20 Minuten lang leise köcheln lassen, bis die Kartoffeln gar sind. Anschließend beiseite stellen und mindestens 30 Minuten lang ruhen lassen, damit sich die Aromen entfalten können.

Zum Servieren die Suppe nochmals erhitzen. In Suppenschalen füllen und auf jede Portion 1 Esslöffel Crème fraîche, ein wenig Koriandergrün und einen Spritzer Tabasco geben. Sofort servieren.

Anmerkung Für eine leichte Mahlzeit dazu ein paar Weizentortillas auf ein Backblech legen, mit geriebenem Cheddar oder mittelaltem Gouda bestreuen und im heißen Ofen überbacken. Zum Servieren in Stücke schneiden.

Der gegrillte Mais schmeckt einfach köstlich. Sie sollten aber viele Servietten bereitlegen, denn bei diesem Gericht muss definitiv Hand angelegt werden! Und wo Sie den Grill schon einmal angefeuert haben: Maisbrot ist die ideale Beilage zu Gegrilltem. Es lässt sich ganz leicht zu Hause zubereiten und kann aus dem Hut gezaubert werden, wenn man warmes, ofenfrisches Brot haben möchte. Damit die Kruste schön knusprig wird, bereitet man das Brot am besten in einem schweren gusseisernen Kochgeschirr oder einer gusseisernen Pfanne zu.

Gegrillter Mais mit Chili-Limetten-Butter

12 Maiskolben, geschält

125 g Butter, zerlassen

1 große Pr Chilipulver

Meersalz und frisch gemahlener schwarzer Pfeffer

Chili-Limetten-Butter

1 TL milde Chilisoße

Fein geriebene Schale und frisch gepresster Saft von 2 Limetten

125 g weiche Butter

6 Portionen

Für die Chili-Limetten-Butter Chilisoße, Limettenschale und Butter in einer Schüssel gründlich verrühren. Salzen und pfeffern und anschließend zwischen 2 Bögen feuchtem Backpapier zu einer Rolle formen. Das Papier an den Enden zudrehen und die Butter mindestens 1 Stunde kühlen.

Für den Mais die Butter in einem kleinen Topf zerlassen, Chilipulver und Limettensaft unterschlagen.

Den Grill anfeuern, Mais auflegen und mindestens 10 Minuten lang garen. Dabei immer wieder mit der Soße bestreichen und wenden, bis die Kolben rundum goldbraun, gar und ein wenig verkohlt sind. Die kalte Butter in Scheiben schneiden und mit den Maiskolben servieren.

Maisbrot mit getrockneten Tomaten

2 EL Olivenöl

175 g grobes gelbes Maismehl oder Instant-Polenta

125 g Weizenmehl

1 TL Backpulver

1 TL Rosmarinnadeln

½ TL Meersalz

1 Ei

250 ml Buttermilch

250 ml Milch

150 g Maiskörner, frisch oder aus der Dose

80 g getrocknete Tomaten, klein geschnitten

1 schwere Auflaufform mit 28 cm Durchmesser, vorzugsweise gusseisern

6 Portionen

Den Backofen auf 200 °C vorheizen.

Die Auflaufform mit dem Öl einpinseln. Zum Aufheizen für 5 Minuten in den vorgeheizten Backofen stellen.

Maismehl, Weizenmehl, Backpulver, Rosmarin und Salz in einer Schüssel vermischen. Ei, Buttermilch und Milch miteinander verquirlen und anschließend sorgfältig mit dem Mais, den getrockneten Tomaten und der Mehlmischung verrühren.

Die Form aus dem Ofen nehmen und den Teig einfüllen. 30 Minuten lang backen, bis das Brot gar und goldgelb ist. Auf einem Kuchengitter abkühlen lassen.

Zum Servieren in Stücke schneiden. Das Brot schmeckt am besten, solange es noch warm ist.

Diese herzhafte ländliche Tajine können Sie sowohl mit frischen als auch mit konservierten Artischocken zubereiten. Baby-Artischocken unterscheiden sich recht stark von den großen, kugelförmigen Exemplaren: Sie sind nicht ganz handgroß, länglich und grün-violett und werden normalerweise im Bund verkauft. Bei ihnen sind die Härchen im Inneren noch unreif und können mitgegessen werden. Versuchen Sie sie einmal in der Pfanne gebraten mit einer köstlichen kalten Ricotta-Thymian-Soße.

Tajine mit Artischocken, Kartoffeln und Erbsen

2–3 EL Olivenöl

2 rote Zwiebeln, erst längs, dann quer halbiert und mit der Faser in Scheiben geschnitten

4 Knoblauchzehen, gepresst

2 TL Korianderkörner

1 TL Kreuzkümmelsamen

2 TL Kurkuma

1–2 TL getrocknete Minze

8 mittelgroße festkochende Kartoffeln, geschält und geviertelt

350 ml Gemüsebrühe

4 vorbereitete Artischocken, geviertelt

1 kleines Bund frischer Koriander, gehackt

225 g frische oder tiefgefrorene Erbsen

½ eingelegte Zitrone, fein zerkleinert

Meersalz und frisch gemahlener schwarzer Pfeffer

Minzeblättchen von 1 kleinen Bund zum Bestreuen

Knuspriges Brot oder Couscous als Beilage

4–6 Portionen

Das Olivenöl in einer Tajine oder einer Kasserolle erhitzen. Die Zwiebeln darin unter Rühren glasig dünsten. Knoblauch, Koriander, Kreuzkümmel, Kurkuma und die getrocknete Minze hinzufügen. Die Kartoffeln dazugeben und in den Gewürzen wenden. Die Brühe angießen und zum Kochen bringen. Anschließend die Hitze reduzieren und zugedeckt ca. 10 Minuten lang leise köcheln lassen.

Artischocken und Koriander untermischen und 5 Minuten lang mitgaren lassen. Erbsen und Zitrone unterrühren, mit Salz und Pfeffer abschmecken. Ohne Deckel weitere 5–10 Minuten lang köcheln lassen, bis die Artischocken zart sind und die Flüssigkeit reduziert ist.

Mit Minzeblättchen bestreuen und mit Brot oder Couscous servieren.

✳ Tipp

Zur Vorbereitung der Artischocken die äußeren Blätter entfernen, die Stängel abschneiden und das faserige Innere, genannt „Heu", mit einem Teelöffel herausholen. Die Artischocken mit Zitronensaft einreiben oder in eine Schüssel mit kaltem Wasser und Zitronensaft legen, damit sie sich nicht verfärben.

Gebratene Artischocken mit Thymian und Ricotta

8–12 mittelgroße junge Artischocken mit Stängeln und ca. 10 cm langen Köpfen oder 12 ganze gegrillte und in Öl eingelegte Artischocken, abgetropft

1½ Zitronen

100 ml Olivenöl

1–2 EL frisch gehackter Thymian

150 ml trockener Weißwein

Mindestens 125 g Ricotta

Meersalz und frisch gemahlener schwarzer Pfeffer

4 Portionen

Für die Vorbereitung der Artischocken eine große Schüssel mit Wasser füllen und den frisch gepressten Saft einer halben Zitrone hinzufügen. Eine zweite Zitronenhälfte bereitlegen, um damit die Schnittflächen der Artischocken einzureiben. Von unten beginnend die äußeren dunklen Blätter abbrechen. Die Stiele auf ca. 5 cm kürzen. Die dunkelgrüne äußere Schicht vom Blütenboden abschneiden und das faserige Äußere des Stängels mit einem Gemüseschäler entfernen. Von jeder Artischocke oben ca. 1 cm abschneiden. Die Artischocken bis zum Gebrauch ins Zitronenwasser legen. Unmittelbar vor der Zubereitung abgießen und längs halbieren.

Das Öl in einer großen Pfanne heiß werden lassen und die Artischocken hineingeben. Zunächst auf einer Seite 3 Minuten lang braten, anschließend wenden und weitere 2–3 Minuten braten, bis sie zart sind. Gekaufte gegrillte Artischocken halbieren und im Olivenöl vorsichtig 3–4 Minuten lang erhitzen. Auf eine vorgewärmte Servierplatte geben.

Den Thymian in die Bratpfanne geben und ein paar Sekunden lang scharf anbraten, um das Aroma freizusetzen. Mit dem Wein ablöschen und diesen auf die Hälfte einkochen lassen. Mit einem Spritzer Zitronensaft, Salz und Pfeffer würzen. Den Ricotta zerkrümeln und um die Artischocken herum anrichten. Mit der heißen Thymiansoße beträufeln und sofort servieren.

Hülsenfrüchte

Nudeln mit Frühlingsgemüse und Zitrone
Erbsen-Minz-Suppe ❧ Crostini mit Erbsencreme und
Parmaschinken ❧ Curry mit frischen Erbsen, Tomaten
und Panir ❧ Grüner Couscous mit Frühlingsbrühe
Salat aus grünen Bohnen, Erbsen und Kartoffeln
Suppe aus dicken Bohnen, Zucchini und Zitronen
Bohnen-Kichererbsen-Salat ❧ Grüne Bohnen mit
spanischem Dressing ❧ Grüne Bohnen Florentiner Art
Grüne Bohnen mit Knoblauch

Zugegeben: Dieses Nudelgericht enthält mehr Gemüse als Nudeln, aber es ist einfach köstlich. Sie können auch andere Gemüsesorten verwenden; auch Mini-Zucchini und Fenchel passen gut. Entscheidend ist, das Gemüse nur so lange zu kochen, bis es gerade gar ist. So behält es seinen zarten Geschmack und die leuchtend grüne Farbe. Die Erbsensuppe ist auch eine großartige Möglichkeit, süße Frühlingserbsen zu genießen, die mit der Minze toll harmonieren.

Nudeln mit Frühlings-gemüse und Zitrone

1 kleines Bund Spargel

150 g frische Erbsen, enthülst

Ein paar Stängel Sprossen-brokkoli

150 g dicke Bohnen, enthülst

110 g Butter

1 Stange Lauch oder ½ Bund Frühlingszwiebeln, in feine Scheiben geschnitten

275 ml Crème double

300 g trockene Eiernudeln, z. B. Campanelle

Frisch gepresster Saft von 2–3 Zitronen (ca. 125 ml)

3 gehäufte EL fein gehackte frische Petersilie

Je 2 gehäufte EL fein gehackter Dill und Schnittlauch

Meersalz und frisch gemahlener schwarzer Pfeffer

Frisch gehobelter Parmesan oder Grana Padano zum Servieren

6 Portionen

Das untere Drittel der Spargelstangen entfernen. Den Rest in kurze Stücke schneiden. 2–3 Minuten lang dämpfen oder in der Mikro-welle garen, bis sie gerade gar sind, und mit kaltem Wasser abschrecken. Auch die anderen Gemüsesorten einzeln dämpfen, bis sie gerade gar sind. (Damit sie noch süßer schmecken, können Sie die Bohnenkerne enthäuten.)

Die Butter in einem großen Topf oder einer Kasserolle langsam zer-lassen und den Lauch darin ein paar Minuten lang weich dünsten. Das übrige Gemüse hinzufügen und ein wenig in der Butter schwenken. Zugedeckt bei sehr geringer Hitze auf dem Herd stehen lassen. Die Crème double hinzufügen, sobald das Gemüse vollständig erhitzt ist.

Die Nudeln nach Packungsanleitung kochen. Die Nudeln abgießen, etwas Nudelwasser zurückbehalten. Die gut abgetropften Nudeln zum Gemüse in den Topf geben und alles miteinander vermengen. Den Zitronensaft und die Kräuter hinzufügen, mit Salz und Pfeffer würzen und untermischen. Probieren und bei Bedarf mit Salz, Pfef-fer und Zitronensaft nachwürzen oder, wenn die Soße zu dick ist, mit ein wenig Nudelwasser verdünnen. In vorgewärmten tiefen Tellern mit Parmesanspänen servieren.

Erbsen-Minz-Suppe

50 g Butter

2 Stangen Lauch, geputzt, längs aufgeschnitten und gründlich gewaschen, dann klein geschnitten

200 g mehlig kochende Kartof-feln, klein geschnitten

1 Knoblauchzehe, gepresst

750 g tiefgefrorene Erbsen

1 l Hühner- oder Gemüsebrühe

2 Zweige frische Minze

2 EL frisch gehackte Minze

Meersalz und frisch gemahlener schwarzer Pfeffer

Crème fraîche zum Servieren

6 Portionen

Die Butter in einem Topf zerlassen, Lauch, Kartoffeln und Knob-lauch hinzufügen und 10 Minuten lang braten. Erbsen, Brühe, Minz-zweige und etwas Salz und Pfeffer hinzufügen und zum Kochen bringen. Zugedeckt 20 Minuten lang köcheln lassen. Die Minz-zweige herausnehmen und entsorgen.

Die Suppe mit der gehackten Minze in einem Mixer sehr glatt pürie-ren. Zurück in den Topf füllen, mit Salz und Pfeffer abschmecken und heiß werden lassen. Zum Servieren 1 Esslöffel Crème fraîche auf die Suppe geben und mit reichlich frisch gemahlenem schwar-zen Pfeffer bestreuen.

* Tipp

Wenn Sie eine Rekordernte an Erbsen haben und nicht alles gleich verbrauchen können, dann holen Sie die Erbsen aus ihren Schoten und frieren Sie sie ein, bis sie benötigt werden. Nach dem Pflücken verwandelt sich der Zucker in den Erbsen sehr schnell in Stärke, was den süßen Geschmack beeinträchtigt. Durch Einfrieren lässt sich das verhindern. Um die Süße der Erbsen noch mehr hervorzuheben, kann man 1 Prise Zucker ins Kochwasser geben. Verwenden Sie aber niemals Salz, weil die Erbsen dadurch hart werden.

Die ersten Erbsen der Saison sind köstlich süß. In Kombination mit italienischem Käse und Schinken sind pürierte Erbsen einen leckerer Belag für kleine Crostini, die man zu Getränken reichen kann. Das frische, sommerliche Curry ist dagegen etwas gehaltvoller und wird Ihre Gäste mit Sicherheit begeistern. Bei Gerichten aus dem Süden Indiens liegt die Betonung mehr auf frischen Zutaten, und sie enthalten meist nur wenige Gewürze. Panir ist ein fester weißer Käse aus Indien. Stattdessen können Sie auch Halloumi verwenden.

Crostini mit Erbsencreme und Parmaschinken

Röstbrote

1 Ciabattabrot zum Aufbacken

Olivenölspray oder 4–6 EL natives Olivenöl extra

Belag

250 g frische Erbsen, enthülst

2 Frühlingszwiebeln

40 g reifer Pecorino oder Parmesan, fein gerieben

1 EL fein gehackte frische Minze oder Dill

2 EL fruchtiges Olivenöl

125 g Parmaschinken in feinen Scheiben, halbiert

Salz und frisch gemahlener schwarzer Pfeffer

Frisch gepresster Zitronensaft zum Abschmecken

Ergibt 18 Crostini

Für die Röstbrote den Backofen auf 180 °C vorheizen. Das Ciabatta schräg in relativ dünne Scheiben schneiden. Von beiden Seiten mit Öl einsprühen bzw. Olivenöl aufs Backblech gießen und die Brotscheiben darin wenden. 15 Minuten lang rösten, nach der Hälfte der Zeit einmal umdrehen. Aus dem Backofen nehmen und abkühlen lassen.

Für den Belag die Erbsen in kochendem Wasser 2–3 Minuten lang blanchieren, bis sie gerade gar sind. Unter fließendem kalten Wasser abgießen. Die Frühlingszwiebeln putzen, längs halbieren und in sehr feine Scheiben schneiden.

Die Erbsen und die Frühlingszwiebeln in der Küchenmaschine zu einer stückigen Paste pürieren. Den Pecorino und die Minze hinzufügen, nochmals pürieren. Dann das Olivenöl unterrühren. Mit Salz, Pfeffer und Zitronensaft abschmecken. Die Creme dick auf die Röstbrote streichen und dekorativ mit einer Scheibe Schinken belegen. Sofort servieren.

Curry mit frischen Erbsen, Tomaten und Panir

2 EL Pflanzenöl

250 g Panir oder Halloumi, gewürfelt

1 EL Butter

2 Zwiebeln, fein gehackt

5 cm frischer Ingwer, gerieben

2 grüne Chilischoten, entkernt und fein gehackt

3 reife Tomate, grob zerkleinert

2 TL Weißweinessig

200 g frische Erbsen, enthülst

½ TL Garam Masala

1 Handvoll Korianderblätter

Meersalz und frisch gemahlener schwarzer Pfeffer

Zum Servieren

Gekochter Basmatireis

Nan-Brot

Mango-Chutney

4 Portionen

Das Öl in einer Bratpfanne auf mittlerer Stufe erhitzen. Die Käsewürfel darin in 4–5 Minuten rundum goldgelb braten. Aus der Pfanne nehmen und beiseite stellen.

Die Butter in die Pfanne geben. Die Zwiebeln darin unter Rühren goldgelb braten. Ingwer und Chilis hinzufügen und 1 Minute lang mitbraten.

Die Tomaten, den Essig und 65 ml Wasser dazugeben und ca. 5 Minuten kochen, bis das Ganze etwas eindickt. Die Erbsen hinzufügen und den Panir zurück in die Pfanne geben. Die Hitze reduzieren und das Curry 4–5 Minuten lang köcheln lassen, bis die Erbsen weich sind.

Garam Masala unterrühren, mit Salz und Pfeffer abschmecken. Mit den Korianderblättchen bestreuen und mit dem Basmatireis und einer Auswahl an indischen Beilagen servieren.

Diese drei Rezepte sind sehr nützlich, um Erzeugnisse aus dem eigenen Garten aufzubrauchen. Der grüne Couscous ist ein frisches, sommerliches Gericht, inspiriert von der Küche Marokkos. Der Salat ist einfach gehalten, damit der Geschmack des Gemüses zur Geltung kommt. Dennoch können Sie ihn mit Thunfisch aus der Dose, Oliven und Tomaten ergänzen, damit er mehr einem französischen „Salade niçoise" ähnelt. Entsprechend kann ein Löffel Risottoreis, den man – mit etwas zusätzlicher Brühe – dieser köstlichen, nach Zitrone schmeckenden Suppe hinzufügt, aus einem leichten Mittagessen ein sättigendes Gericht machen. Wenn Sie für die Suppe große Bohnenkerne verwenden, sollten Sie vielleicht die hellgrünen Häute entfernen – das ist allerdings eine echte Sisyphusarbeit!

Grüner Couscous mit Frühlingsbrühe

500 g Couscous

½ TL Meersalz

600 ml warmes Wasser

1–2 EL Olivenöl

15 g Butter in kleinen Stückchen

1 l Gemüse- oder Hühnerbrühe

350 frische dicke Bohnen, enthülst

200 g frische Erbsen

12 Frühlingszwiebeln, geputzt und in dicke Scheiben geschnitten

6 Mini-Zucchini, in dicke Scheiben geschnitten

4–6 Artischockenherzen, geviertelt

1 Bund glatte Petersilie, fein gehackt

1 Bund Koriander, fein gehackt

1 Bund Minze, fein gehackt

Meersalz und frisch gemahlener schwarzer Pfeffer

4–6 Portionen

Den Backofen auf 200 °C vorheizen.

Den Couscous in ein hitzebeständiges Gefäß geben. Das Salz im Wasser auflösen und über den Couscous gießen. Den Couscous ca. 10 Minuten lang quellen lassen.

Das Öl mit dem Couscous vermischen, die Butterstückchen darüber verteilen und mit Alufolie abdecken. Für ca. 15 Minuten in den vorgeheizten Backofen stellen.

In der Zwischenzeit die Frühlingsbrühe zubereiten. Dafür die Brühe in einem schweren Topf zum Kochen bringen. Bohnen, Erbsen, Frühlingszwiebeln, Zucchini und Artischocken hinzufügen und in 5–10 Minuten weich kochen. Mit Salz und Pfeffer abschmecken und die Kräuter einrühren.

Den Couscous aus dem Ofen nehmen und auf eine Servierplatte geben. Mit einem Schaumlöffel das Gemüse aus der Brühe heben und auf dem Couscous anrichten. Mit ein wenig Brühe anfeuchten, den Rest in einen Krug füllen und separat zum Couscous reichen. Sofort servieren.

Salat aus grünen Bohnen, Erbsen und Kartoffeln

450 g neue Kartoffeln, gewaschen, große Exemplare halbiert

Ein paar Zweige frische Minze

4 Eier

4 Handvoll frische Erbsen, enthülst

ca. 200 g grüne Bohnen, geputzt

Ein paar Handvoll Kopfsalatblätter

2 EL Olivenöl

2 TL Rotwein- oder Apfelessig

Meersalz und frisch gemahlener schwarzer Pfeffer

4 Portionen

Die Kartoffeln mit den Minzzweigen in einem Topf kochen.

Einen Topf mit Wasser auf mittlerer Stufe erhitzen und zum Kochen bringen. Die Eier hinzufügen und in ca. 7 Minuten hart kochen, dann abschrecken. Die abgekühlten Eier schälen und vierteln.

Die Erbsen und grünen Bohnen kochen. Zusammen mit den Kartoffeln, den Eiern und dem Kopfsalat in eine große Salatschüssel geben.

Olivenöl und Essig miteinander vermischen, Salz und Pfeffer hinzufügen, das Dressing über den Salat gießen und behutsam vermengen.

Suppe aus dicken Bohnen, Zucchini und Zitronen

2 EL natives Olivenöl extra

1 unbehandelte Zitrone

1 Zwiebel, gehackt

3 EL frisch gehackte glatte Petersilie und zusätzlich zum Bestreuen

500 g Zucchini, in Scheiben geschnitten

300 g dicke Bohnen (enthülst gewogen)

800 ml Gemüsebrühe

Meersalz und frisch gemahlener schwarzer Pfeffer

Zitronen-Thymian-Öl

2 Zitronen

2 Zweige frischer Thymian oder Zitronenthymian

250 ml natives Olivenöl extra

4 Portionen

Für das Zitronen-Thymian-Öl mit einem Gemüseschäler die Schale von den Zitronen schälen, dabei die weiße Haut daranlassen. Zitronenschale, Thymian und Olivenöl in einem Topf behutsam 10 Minuten lang erhitzen. Vom Herd nehmen und abkühlen lassen. Mit Salz und Pfeffer abschmecken.

Für die Suppe das Olivenöl in einem großen Topf erhitzen. Die Zitronenschale in einem langen Stück abschälen und hineingeben. Zwiebel, Petersilie und Zucchini hinzufügen und unter gelegentlichem Rühren zugedeckt bei milder Hitze ca. 8 Minuten lang weich dünsten. Die Zitronenschale entfernen. Die Bohnen und die Brühe hinzufügen, gut würzen und die Suppe weitere 20 Minuten lang köcheln lassen.

Ein Viertel der Suppe im Mixer glatt pürieren und wieder zurück in den Topf gießen. Mit Zitronensaft abschmecken.

Die Suppe auf 4 tiefe Teller verteilen, mit ein wenig Zitronen-Thymian-Öl beträufeln und mit Petersilie und schwarzem Pfeffer bestreut servieren.

Anmerkung Reste des Zitronen-Thymian-Öls können in einem Schraubglas mit Deckel im Kühlschrank 2–3 Tage lang aufbewahrt werden. Man kann Suppen und Salate damit würzen.

Bohnen-Kichererbsen-Salat

450 g grüne Bohnen

2 EL Sake oder trockener Sherry

3 TL Zucker

5 TL Sojasoße

240 ml Gemüsebrühe

40 g Sesam

410 g Kichererbsen aus der Dose, abgetropft

½ TL Sesamöl

4 Portionen

Die Bohnen in Wasser 5 Minuten lang garen. Abgießen und kalt abbrausen, dann in Eiswasser abschrecken.

Den Sake in einem kleinen Topf aufkochen und anschließend in einer Schüssel mit Zucker und Sojasoße vermengen.

Die Brühe mit 1 Esslöffel der Sakemischung in einen Topf geben und zum Kochen bringen. Die Bohnen abgießen und zur Brühe geben. Nochmals aufkochen, dann abgießen und abkühlen lassen.

Die Sesamkörner in einer erhitzten Pfanne unter Rühren goldgelb rösten. In einem Mörser zu einer groben Paste mahlen.

Sesam mit den Kichererbsen, dem Öl und der restlichen Sakemischung in einer Schüssel vermengen und unter die abgetropften Bohnen heben. Sofort servieren.

Grüne Bohnen mit spanischem Dressing

1 rosa Bananenschalotte oder 2 große Schalotten, gehackt

2 EL Weißweinessig

1 Knoblauchzehe

1 Pr Zucker

4 EL natives Olivenöl extra

400 g dünne grüne Bohnen

1 hartgekochtes Ei, fein gehackt

1 EL frisch gehackte glatte Petersilie

Meersalz und frisch gemahlener schwarzer Pfeffer

6–8 Portionen

Die gehackte Schalotte in einer kleinen Schüssel mit 1 Esslöffel Essig und 1 Esslöffel Wasser vermischen.

Den Knoblauch mit dem Zucker und 1 Prise Salz zu einer Paste zerdrücken. Den Pfeffer und den restlichen Essig hinzufügen und nach und nach das Öl unterschlagen.

Die Bohnen in einem Topf mit kochendem Salzwasser ca. 4 Minuten lang bissfest kochen. Abgießen und in eine Servierschale legen. Die Salatsoße darübergeben und gut untermischen. Die Schalotte abspülen und abtropfen lassen. Schalotte, Ei und Petersilie über die Bohnen geben und warm oder kalt servieren.

Grüne Bohnen Florentiner Art

600 g Bohnen, geputzt

4 EL natives Olivenöl extra

1 mittelgroße Zwiebel, in feine Scheiben geschnitten

1 TL Fenchelsamen, leicht zerstoßen

1 EL Tomatenmark

100 ml warmes Wasser

Meersalz und frisch gemahlener schwarzer Pfeffer

4 Portionen

Die Bohnen in einem Topf gesalzenem Wasser ca. 6 Minuten lang bissfest kochen. In der Zwischenzeit das Öl in einer Bratpfanne erhitzen und die Zwiebel darin ca. 5 Minuten lang braten, bis sie Farbe annehmen und weich werden. Die Bohnen abgießen, sobald sie gar sind, und beiseite stellen.

Die zerstoßenen Fenchelsamen mit reichlich Salz und Pfeffer zur Zwiebel geben. Das Tomatenmark mit dem warmen Wasser verrühren und ebenfalls zur Zwiebel in die Pfanne geben. Zum Kochen bringen und die Bohnen einrühren, gut mit der Soße vermischen. Probieren und nachwürzen. Zugedeckt weitere 5 Minuten lang sanft köcheln lassen, anschließend servieren.

Grüne Bohnen mit Knoblauch

625 g grüne Bohnen, geputzt

2 EL Olivenöl

1 EL Butter

2 Knoblauchzehen, gepresst

1 Handvoll glatte Petersilie, gehackt

1 TL frisch gepresster Zitronensaft

Meersalz und frisch gemahlener schwarzer Pfeffer

4 Portionen

Die Bohnen in einem Topf gesalzenem Wasser 3–4 Minuten lang kochen. Abgießen und unter fließendem kalten Wasser abschrecken. Beiseite stellen.

Öl und Butter in einer Pfanne erhitzen. Knoblauch, Bohnen und etwas Salz hinzufügen und bei starker Hitze unter Rühren 1 Minute lang braten. Vom Herd nehmen, die Petersilie und den Zitronensaft unterrühren. Mit schwarzem Pfeffer bestreuen und servieren.

Kohl-, Blatt- und Salatgemüse

Blumenkohl-Mangold-Salat ❧ Blumenkohlgratin
Blumenkohl-Masala – Cremige Blumenkohl-Gruyère-Suppe
Spaghetti mit Brokkoli, Walnüssen und Ricotta
Brokkoli-Omelett mit Shiitakepilzen und Tofu
Geschmorter Rotkohl mit Maronen und Äpfeln
Eingelegter Rotkohl mit Korinthen ❧ Sautierter
Weißkohl, Rosenkohl und Salat ❧ Wirsing mit Speck
Punjab-Kohl ❧ Sahniger Krautsalat
Überbackener Spinat mit Sauce Mornay ❧ Blattspinat-
Kichererbsen-Curry ❧ Sautierter Spinat mit Orange und
Mandeln ❧ Spinat-Käse-Börek ❧ Mangoldtarte mit Feta
und Eiern ❧ Mangold-Linsen-Suppe ❧ Gekühlte
Salatsuppe ❧ Caesar Salad ❧ Salsa verde aus Rucola
und Fenchel

Die charakteristischen dicken Blätter, die den Kopf des Blumenkohls zu umarmen scheinen, schützen in Wirklichkeit die weiße „Blüte" vor der Sonne. Dadurch verhindern sie, dass diese grün wird. Blumenkohl wird zugunsten anderer Kohlsorten, die schneller gar werden – wie Brokkoli –, oft übergangen. Er besitzt jedoch einen intensiven Geschmack, der in dem leichten, würzigen Salat orientalischer Art gut zur Geltung kommt und auch gut zu cremigem Käse passt, wie in dem Gratin.

Blumenkohl-Mangold-Salat

65 ml natives Olivenöl extra

1 kleiner Blumenkohl, in große Röschen geteilt

1 TL gemahlener Kreuzkümmel

6 große Mangoldblätter, in 2 cm breite Streifen geschnitten

1 rote Zwiebel, in Spalten geschnitten

2 Knoblauchzehen, gehackt

400 g Kichererbsen aus der Dose, abgespült und abgetropft

65 ml Tahini (Sesampaste)

2 EL frisch gepresster Zitronensaft

¼ TL frisch zerstoßener weißer Pfeffer

Meersalz

4 Portionen

Das Öl in einer Pfanne stark erhitzen und den Blumenkohl darin unter häufigem Wenden 8–10 Minuten lang dunkel goldbraun braten. Den Kreuzkümmel hinzufügen und unter Rühren 1 Minute lang mitbraten. Mangold, Zwiebel und Knoblauch in die Pfanne geben und weitere 2–3 Minuten braten. Die Kichererbsen unterrühren. Mit Salz abschmecken.

Tahini, Zitronensaft und weißen Pfeffer in einer kleinen Schüssel vermischen und mit ein wenig Salz abschmecken. Das Gemüse in eine Schüssel umfüllen und zum Servieren mit der Soße beträufeln.

* Tipp

Das Geheimnis köstlichen Blumenkohls besteht darin, ihn zuerst zu blanchieren. Mit einem Lorbeerblatt vorgekocht verschwindet der unangenehme Kohlgeschmack vollständig.

Blumenkohlgratin

1 frisches Lorbeerblatt

1 großer Blumenkohl, in große Röschen geteilt

500 g Crème double

1 Ei

2 TL Dijon-Senf

160 g Comté, fein gerieben*

Grobes Meersalz

1 Auflaufform, ca. 25 cm Durchmesser, gebuttert

4–6 Portionen

Lorbeer und Blumenkohl in einem großen Topf kochenden Salzwassers ca. 10 Minuten lang kochen lassen. Der Blumenkohl sollte noch etwas fest sein. Abgießen und beiseite stellen.

Die Crème double in einem Topf zum Kochen bringen und 10 Minuten lang kochen lassen. Das Ei verquirlen und 1 Esslöffel heiße Milch unterrühren. Anschließend Ei, Senf und 1 Teelöffel Salz in die Sahne rühren.

Den Backofen auf 200 °C vorheizen. Die Blumenkohlröschen in kleinere Röschen teilen und in die Sahnesoße rühren. In die vorbereitete Auflaufform füllen und gleichmäßig mit dem Käse bestreuen. Im Backofen in 40–45 Minuten goldgelb backen. Heiß servieren.

*Anmerkung   Wie Gruyère ist auch Comté ein Bergkäse – aus der Franche-Comté, um genau zu sein –, aber hier endet auch schon die Ähnlichkeit. Seinen charakteristischen Geschmack erhält der Comté durch die verwendete Milch, weshalb sein Aroma im Lauf der Jahreszeiten variiert. Im Sommer ist der Käse dunkler und schmeckt fruchtiger, während er im Winter blasser ist und nussiger schmeckt. Wenn Sie keinen Comté bekommen können, nehmen Sie Emmentaler oder Cantal.

Blumenkohl gibt auch allein eine sättigende Mahlzeit ab, und diese beiden einfachen Gerichte sind perfekt, wenn Sie viel Blumenkohl geerntet haben, sich aber sonst nicht viel in Ihrem Vorratsschrank befindet. Bei dem einfachen Masala werden Blumenkohlröschen in einem würzigen, scharfen Öl unter Rühren so lange gebraten, bis sie gerade zart sind. Wenn Sie Abwechslung mögen, können Sie den Blumenkohl auch durch Brokkoli ersetzen. Für die Suppe eignet sich am besten ein kleiner, cremeweißer und zarter Blumenkohlkopf, weil sie nicht passiert wird. Dieses Gericht ist ein Mittelding zwischen Suppe und Fondue, schmeckt aber auf jeden Fall ganz herrlich nach Sahne und Käse.

Blumenkohl-Masala

1 EL Sonnenblumenöl

2 TL Kreuzkümmelsamen

1 TL schwarze Senfkörner

500 g Blumenkohlröschen

2 Knoblauchzehen, in dünne Scheiben geschnitten

2 TL frischer Ingwer, fein gehackt

1 grüne Chilischote, in dünne Ringe geschnitten

1 TL Garam Masala

150 ml heißes Wasser

Frisch gepresster Saft von ½ Zitrone

Meersalz und frisch gemahlener schwarzer Pfeffer

4 Portionen

Das Sonnenblumenöl in einer Pfanne auf mittlerer Stufe erwärmen. Die Kreuzkümmelsamen und die Senfkörner unter Rühren 30 Sekunden lang rösten, dann Blumenkohl, Knoblauch, Ingwer und Chili dazugeben. Bei starker Hitze unter ständigem Rühren 6–8 Minuten lang braten, bis der Blumenkohl an den Rändern leicht braun wird.

Garam Masala und das heiße Wasser hinzufügen und gründlich unterrühren. Zugedeckt bei starker Hitze 1–2 Minuten lang kochen lassen.

Gut würzen und vor dem Servieren mit dem Zitronensaft beträufeln.

Cremige Blumenkohl-Gruyère-Suppe

2 EL Butter

1 Zwiebel, grob gehackt

1 Stange Sellerie, klein geschnitten

1 kleiner Blumenkohl, ca. 1 kg, in kleine Stücke geschnitten

1,5 l Gemüse- oder Hühnerbrühe

250 g Crème double

200 g Gruyère, gerieben, und etwas zusätzlich zum Servieren

Meersalz und frisch gemahlener schwarzer Pfeffer

Frisch gehackte Petersilie und getoastetes Vollkornbrot zum Servieren

4 Portionen

Die Butter in einem Topf auf hoher Stufe erhitzen. Die Zwiebel und den Sellerie darin 5 Minuten lang braten, bis die Zwiebel weich, aber noch nicht braun ist.

Den Blumenkohl und die Brühe hinzufügen und zum Kochen bringen. 25–30 Minuten lang kochen lassen, bis der Blumenkohl sehr weich ist und in der Brühe zerfällt.

Die Suppe in einem Mixer glatt pürieren und in einen sauberen Topf füllen. Die Sahne und den Käse hinzufügen und auf niedriger Stufe unter ständigem Rühren so lange erhitzen, bis der Käse vollständig geschmolzen ist.

Mit ein wenig Meersalz und schwarzem Pfeffer abschmecken. Mit gehackter Petersilie und geriebenem Käse bestreut und mit gebuttertem Vollkorntoast als Beilage servieren.

Brokkoli ist ein vergleichsweise modernes Gemüse. Er wurde in Italien aus dem heute trendigen violetten Sprossenbrokkoli gezüchtet. Geschmacklich ist der Unterschied zwischen den beiden Sorten sehr gering. Bei diesen zwei perfekten Abendessen für werktags spielen beide Sorten eine Rolle. Die leichte Konsistenz und der sahnige Geschmack von Ricotta bilden in dem köstlichen, einfachen und schnellen Nudelgericht den idealen Hintergrund für Walnüsse und Brokkoli. Das Omelett erhält durch die sahnigen Tofuwürfel, die den sonst üblichen Käse ersetzen, einen ausgeprägt asiatischen Charakter.

Spaghetti mit Brokkoli, Walnüssen und Ricotta

100 g Walnusshälften

1 Brokkoli, ca. 400–500 g

3 EL natives Olivenöl extra

3 Knoblauchzehen, in dünne Scheiben geschnitten

1 Handvoll frische glatte Petersilie, gehackt

Fein geriebene Schale und frisch gepresster Saft von 1 Zitrone

200 g Ricotta

400 g Spaghetti

Meersalz und frisch gemahlener schwarzer Pfeffer

4 Portionen

Den Backofen auf 180 °C vorheizen. Die Walnusshälften auf einem Backblech verteilen und im Backofen ca. 8 Minuten braun rösten. Währenddessen gelegentlich das Blech rütteln.

Vom Brokkoli den knorrigen unteren Teil des Strunks (ca. 2 cm) wegschneiden. Den Strunk bis zu der Stelle, wo er sich in Röschen teilt, in dünne Scheiben schneiden. Die einzelnen Röschen abschneiden. Das Öl in einer Pfanne erhitzen und die Strunkscheiben unter häufigem Wenden 2–3 Minuten lang darin braten, dann die Röschen zugeben und weitere 5 Minuten braten. Knoblauch, Petersilie, Zitronenschale und Walnüsse hinzufügen und 5 Minuten lang unter häufigem Rühren mitgaren. Die Hitze reduzieren, Ricotta und Zitronensaft unterrühren. Gut salzen und pfeffern. Warmhalten.

Die Spaghetti nach Packungsanleitung kochen. Abgießen und zur Soße in die warme Pfanne geben. Behutsam alles miteinander vermengen und sofort servieren.

Brokkoli-Omelett mit Shiitakepilzen und Tofu

1 EL natives Olivenöl extra

2 Schalotten, in Scheiben geschnitten

1 Bund Sprossen-Brokkoli, klein geschnitten

200 g Shiitakepilze

50 g Babyspinat

2 TL helle Sojasoße

300 g fester Tofu, gewürfelt

8 Eier, verquirlt

Gemahlener weißer Pfeffer

Austernsoße zum Servieren (nach Belieben)

4 Portionen

Das Öl in einer großen antihaftbeschichteten Pfanne erhitzen. Schalotten, Brokkoli und Pilze hinzufügen und unter ständigem Rühren 3–4 Minuten lang braten, bis die Pilze weich sind und der Brokkoli eine leuchtende, smaragdgrüne Farbe annimmt. Den Spinat hinzufügen und zusammenfallen lassen. Die Sojasoße unterrühren. Die Tofuwürfel in möglichst gleichmäßigem Abstand auf das Gemüse legen. Den Grill auf hoher Stufe vorheizen. Die verquirlten Eier in die Pfanne geben und bei starker Hitze so lange braten, bis das Omelett an den Rändern aufgegangen ist.

Das Omelett in der Pfanne unter den vorgeheizten Grill stellen und so lange überbacken, bis es goldgelb und an der Oberseite fest ist. Herausnehmen und etwas abkühlen lassen. Anschließend nach Belieben mit Austernsoße beträufeln und zum Servieren mit weißem Pfeffer bestreuen.

Variante Sie können den Brokkoli durch junge Erbsen ersetzen und das Omelett mit frisch gehacktem Koriander bestreuen.

Rotkohl ist eine feste Größe in der Winterküche. Zum einen kann man damit ganz toll Farbe in die Gerichte bringen, zum anderen passt er besonders gut zu deftigen Fleischgerichten. Der süß-sauer eingelegte, tafelfertige Rotkohl ist eine großartige Beilage, die jederzeit schnell parat ist, z. B. zu Würstchen. Der geschmorte Rotkohl mit Esskastanien und Äpfeln dagegen ist die perfekte Beilage zum Sonntagsbraten oder zur Weihnachtsgans. Servieren Sie dazu den Wein, den Sie zum Kochen verwendet haben.

Geschmorter Rotkohl
mit Maronen und Äpfeln

1 Rotkohl	200 g vakuumverpackte ganze geschälte Maronen
3 EL Butter	
1 Zwiebel, halbiert und in dünne Scheiben geschnitten	2 TL grobes Meersalz
	250 ml trockener Weißwein, vorzugsweise Riesling
75 g Speckwürfel	
3 Kochäpfel, geschält, entkernt und klein geschnitten	1 EL Zucker
	4–6 Portionen

Den Kohlkopf vierteln, den Strunk herausschneiden und die Viertel in dünne Scheiben schneiden.

In einer Pfanne 2 Esslöffel Butter zerlassen. Zwiebel und Speckwürfel 3 Minuten lang darin dünsten, bis die Zwiebel weich ist.

Die restliche Butter, Kohl, Äpfel und Kastanien hinzufügen und alles gut verrühren. Salzen, dann den Wein, den Zucker und 250 ml Wasser hinzufügen.

Zum Kochen bringen und 1 Minute lang kochen lassen, anschließend zugedeckt ca. 45 Minuten leise köcheln lassen, bis der Kohl zart ist.

Eingelegter Rotkohl
mit Korinthen

3 EL Olivenöl	60 ml Balsamico-Essig
½ kleiner Rotkohl, in dünne Scheiben geschnitten	35 g Korinthen
	35 g Pinienkerne
60 ml Rotwein	
3 EL brauner Zucker	**Ergibt ca. 625 ml**

Das Olivenöl in einer großen Pfanne auf niedriger bis mittlerer Stufe erhitzen. Den Kohl darin zugedeckt 5 Minuten lang dünsten. Die Hitzezufuhr erhöhen, den Wein angießen und aufkochen lassen. Zucker, Essig und die Korinthen hinzufügen und alles unter Rühren 5 Minuten lang kochen lassen.

In einer zweite Pfanne die Pinienkerne bei mittlerer Hitze unter Rühren goldgelb rösten. Die gerösteten Pinienkerne unter den Rotkohl mischen. Abkühlen lassen und bis zur Verwendung im Kühlschrank aufbewahren. Dort hält sich der Rotkohl bis zu 2 Wochen lang.

✳ Tipp

Im Gegensatz zu anderen Kohlsorten kann Rotkohl langsam geschmort werden und verdirbt nicht durch lange Kochzeiten. Geschmorter Rotkohl lässt sich auch gut einfrieren, was umso praktischer ist, als 1 Kohlkopf mehrere Portionen ergibt.

Sautierter Weißkohl, Rosenkohl und Salat

400 g Rosenkohl

1 EL Olivenöl

1 EL Butter

1 TL Kümmelsamen

¼ Weißkohl, fein geschnitten

½ Eisbergsalat, in 1 cm dicke Streifen geschnitten

Frisch gepresster Saft von ½ Zitrone

½ TL Meersalz

4–6 Portionen

Von den Rosenkohlköpfchen so viele Blätter wie möglich abtrennen, den Rest der Blätter, die zu eng verwachsen sind, um sie zu trennen, in feine Streifen schneiden. Beiseite stellen.

Einen Wok auf mittlerer Stufe erhitzen. Öl und Butter darin heiß werden lassen. Die Kümmelsamen darin 30 Sekunden lang rösten. Den Rosen- und Weißkohl hinzufügen und unter ständigem Rühren 4 Minuten lang braten, bis er zusammengefallen ist. Den Salat hinzufügen und unter ständigem Rühren 1 weitere Minute braten, dann schnell auf eine Servierplatte geben. Mit Zitronensaft beträufeln und mit Salz bestreuen. Vermischen und sofort servieren.

Wirsing mit Speck

1 Lorbeerblatt

1 Wirsing, ca. 1,25 kg

2 EL Butter

1 EL natives Olivenöl extra

100 g dünn geschnittener Pancetta, gehackt

1 Zweig frischer Salbei, Blätter abgezupft und fein geschnitten

4 EL Crème double oder Crème fraîche

Meersalz und frisch gemahlener schwarzer Pfeffer

4 Portionen

In einem großen Topf Wasser mit dem Lorbeerblatt und 1 großen Prise Salz zum Kochen bringen. Den Wirsing vierteln und im kochenden Wasser 2–3 Minuten lang blanchieren. Gut abtropfen lassen.

Den Strunk von den Kohlvierteln entfernen und diese quer in Scheiben schneiden.

Butter und Olivenöl in einer großen Pfanne erhitzen. Pancetta und Salbei darin bei starker Hitze unter häufigem Rühren 1 Minute lang braten. Den Kohl und 1 Prise Salz hinzufügen und unter häufigem Rühren 2–3 Minuten lang braten.

Die Sahne unterrühren und ca. 1 Minute heiß werden lassen. Großzügig pfeffern und gut durchmischen. Mit Salz und Pfeffer abschmecken und heiß servieren.

Punjab-Kohl

3 EL Sonnenblumenöl

4 Schalotten, fein gehackt

2 TL frischer Ingwer, fein gerieben

2 TL Knoblauch, gepresst

2 grüne Chilischoten, längs halbiert

2 TL Kreuzkümmelsamen

1 TL Kurkuma

1 TL Korianderkörner, zerstoßen

500 g Weißkohl, in Streifen geschnitten

1 EL mildes oder mittelscharfes Currypulver

1 EL Ghee oder Butter

Salz und frisch gemahlener schwarzer Pfeffer

4 Portionen

Das Sonnenblumenöl in einer Pfanne bei milder Hitze erwärmen. Schalotten, Ingwer, Knoblauch und Chilis hinzufügen und unter ständigem Rühren 2–3 Minuten lang dünsten.

Kreuzkümmel, Kurkuma und Koriander hinzufügen und 1 Minute lang mitdünsten.

Die Herdplatte auf hohe Stufe stellen, den Kohl in die Pfanne geben und gründlich mit der Gewürzmischung vermengen. Das Currypulver hinzufügen und gut würzen. Zugedeckt bei mittlerer Hitze unter gelegentlichem Rühren 10 Minuten lang garen lassen. Ghee unterrühren und servieren.

Sahniger Krautsalat

250 g Weißkohl, in feine Streifen geschnitten

175 g Karotten, geraspelt

½ weiße Zwiebel, in feine Scheiben geschnitten

1 TL Salz

2 TL extrafeiner Streuzucker

1 EL Weißweinessig

50 g Mayonnaise

2 EL Crème double

1 EL körniger Senf

Meersalz und frisch gemahlener schwarzer Pfeffer

4 Portionen

Weißkohl, Karotten und Zwiebel in einen Durchschlag geben und mit Salz und Zucker bestreuen, mit dem Essig beträufeln. Gut durchmischen und 30 Minuten lang über einer Schüssel abtropfen lassen.

Überschüssige Flüssigkeit aus dem Gemüse drücken und das Gemüse in eine große Schüssel geben. Mayonnaise, Sahne und Senf in einer separaten Schüssel gründlich vermischen, anschließend mit dem Gemüse vermengen. Mit Salz und Pfeffer abschmecken und servieren. Der Salat hält sich im Kühlschrank 3 Tage lang.

Diese beiden köstlichen und gehaltvollen Gerichte
beweisen, dass Spinat nichts mit Diät oder Enthalt-
samkeit zu tun hat! Der Spinatauflauf ist toll für
Gäste und wird im Idealfall mit Brot serviert, um die
reichhaltige Soße aufzunehmen. Auch ein einfacher
grüner Salat mit säuerlicher Vinaigrette passt gut.
Das farbenfrohe, aromatische Curry ist ebenfalls gut
zum Bewirten von Gästen geeignet. Kichererbsen
sind in Indien sehr beliebt und passen ausgezeichnet
in dieses Gericht.

Überbackener Spinat
mit Sauce Mornay

40 g Butter	1 kg frischer Spinat, zerkleinert
2 EL Mehl	¼ TL frisch geriebene Muskat-nuss
750 ml Vollmilch	
200 g Fontina-Käse, gewürfelt	Getoastetes und gebuttertes Sauerteigbrot als Beilage (nach Belieben)
1 Zwiebel, gehackt	
1 Knoblauchzehe, gehackt	**6 Portionen**

Den Backofen auf 180 °C vorheizen. 25 g Butter in einem Topf bei
mittlerer Hitze schmelzen lassen. Das Mehl hinzufügen und unter
ständigem Rühren 1 Minute lang anschwitzen, bis eine dicke Paste
entsteht.

Den Herd auf niedrige Stufe einstellen und langsam die Milch eingießen. Dabei kontinuierlich mit einem Schneebesen rühren, bis alle
Milch gebunden und eine glatte Soße entstanden ist. Den Käse hinzufügen und so lange rühren, bis er geschmolzen ist. Bis zur Verwendung beiseite stellen.

Die restliche Butter in eine große Pfanne geben, Zwiebel und Knoblauch darin bei starker Hitze 2–3 Minuten lang braten, bis die Zwiebel weich ist. Den Spinat hinzufügen und zugedeckt unter häufigem
Rühren 4–5 Minuten lang braten, bis er zusammengefallen ist. Den
Spinat in eine große Schüssel umfüllen. Mit der Käsesoße übergießen und beides miteinander verrühren. In eine große Auflaufform
füllen.

Mit der geriebenen Muskatnuss bestreuen und im Backofen
30 Minuten lang backen, bis die Sauce Mornay brodelt und das
Gratin oben goldgelb ist. Nach Belieben auf getoasteten und
gebutterten Scheiben Sauerteigbrot servieren.

Blattspinat-Kicher-
erbsen-Curry

1 weiße Zwiebel, grob gehackt	Dose, gut abgespült und abgetropft
2 Knoblauchzehen, in Scheiben geschnitten	500 g frischer Spinat, die Stängel entfernt, die Blätter gehackt
1 TL frischer Ingwer, gehackt	
1 EL natives Olivenöl extra	1 Handvoll Koriandergrün, gehackt
2 EL milde Currypaste	
400 g Tomatenstücke aus der Dose	Nan oder Roti-Brot als Beilage
400 g Kichererbsen aus der	**4 Portionen**

Zwiebel, Knoblauch und Ingwer in einer Küchenmaschine fein
hacken. Das Öl in einer Pfanne auf hoher Stufe erhitzen. Die Zwiebelmischung darin unter häufigem Rühren in 4–5 Minuten goldgelb
braten. Die Currypaste hinzufügen und unter ständigem Rühren
2 Minuten mitrösten, bis sie duftet.

Die Tomatenstücke, 250 ml kaltes Wasser und die Kichererbsen
einrühren und zum Kochen bringen. Die Hitze reduzieren und das
Curry auf mittlerer Stufe ohne Deckel 10 Minuten lang köcheln lassen. Den Spinat unterrühren und so lange mitkochen lassen, bis er
zusammengefallen ist.

Das Koriandergrün unterrühren und mit indischem Brot Ihrer Wahl
servieren.

Gartenfrischer Spinat bildet die Grundlage für diese beiden Gerichte aus unterschiedlichen Kulturen. Der mit Orange und Mandeln sautierte Spinat ist eine marokkanisch inspirierte Beilage, die perfekt zu aromatischen Tajines passt. In Osteuropa wird der leckere Snack aus Spinat und Käse in knusprigem Filoteig traditionell mit einem erfrischenden Glas Kefir genossen.

Sautierter Spinat mit Orange und Mandeln

500 g frischer Spinat, gründlich gewaschen und abgetropft

2–3 EL Olivenöl und 1 Stückchen Butter

1 Zwiebel, grob gehackt

2 Knoblauchzehen, fein gehackt

Frisch gepresster Saft und Schale von 1 Orange

2 EL Mandelblättchen, geröstet

Meersalz und frisch gemahlener schwarzer Pfeffer

2–4 Portionen

Den Spinat in einen Dampfkochtopf geben und in 8–10 Minuten weich garen. Auf ein Holzbrett geben und zu Brei hacken. Beiseite stellen.

Öl und Butter in einem schweren Topf erhitzen. Zwiebel und Knoblauch einrühren und Farbe annehmen lassen. Spinat hinzufügen und alles gründlich vermischen. Orangensaft und -schale hinzufügen und mit Salz und Pfeffer abschmecken.

Den Spinat in eine Servierschüssel füllen, mit den gerösteten Mandelblättchen dekorieren und sofort servieren.

Spinat-Käse-Börek

300 g frischer Spinat (oder 420 g gefrorener Spinat, aufgetaut und abgetropft)

110 g Hüttenkäse

100 g griechischer Joghurt

1 großes Ei, verquirlt

30 ml Olivenöl und etwas zusätzlich zum Bestreichen

30 ml Mineralwasser

½ TL Natron

1 TL Salz

250 g große Filoteigplatten

1 18 cm große viereckige Backform (4 cm tief), gefettet

4–6 Portionen

Den Backofen auf 180 °C vorheizen.

Den Spinat in einem Topf mit kochendem Wasser 30 Sekunden lang blanchieren. Abgießen und überschüssiges Wasser herausdrücken. Fein hacken. In eine Rührschüssel geben und mit den übrigen Zutaten (außer den Teigplatten) gründlich vermischen.

Eine Teigplatte in die Backform legen, überschüssigen Teig an einer Seite über den Rand hängen lassen. Mit Öl bestreichen. Eine zweite Teigplatte so in die Form legen, dass sie auf der gegenüberliegenden Seite der Backform überhängt. 1 gehäuften Esslöffel Spinatfüllung auf den Teig geben und verstreichen. 2 weitere Teigplatten über die Füllung legen und den überschüssigen Teig so falten, dass er in die Form passt. Mit Öl bestreichen. Spinat und Teig so lange schichten, bis die ganze Spinatmischung aufgebraucht ist. Die oberste Schicht sollte aus Füllung bestehen.

Zuletzt den überhängenden Teig umklappen. Mit zusätzlichem Öl bestreichen. Falls die Oberseite nicht vollständig mit Teig bedeckt ist, eine weitere Teigplatte darüberlegen und mit Öl bestreichen.

Im Backofen 40 Minuten lang backen, bis der Teig aufgegangen und goldbraun ist. Aus dem Backofen nehmen und etwas abkühlen lassen. Der Börek lässt sich gut einfrieren; vor dem Servieren im Backofen auftauen und aufwärmen.

Das Geheimnis aller guten Rezepte besteht darin, dass frische, saisonale Zutaten verwendet und auf einfache Art zubereitet werden. Mangold und braune Linsen ergeben eine perfekte Kombination für herzhafte Suppen und Eintöpfe. Oder probieren Sie Mangold einmal zusammen mit Fetakäse und Eiern in dieser rustikalen, ohne Backform gebackenen Tarte.

Mangoldtarte
mit Feta und Eiern

3 EL Olivenöl

1 rote Zwiebel, in Scheiben geschnitten

2 Knoblauchzehen, in Scheiben geschnitten

500 g Mangold, in 2 cm große Stücke geschnitten

4 Eier

200 g Feta, zerbröckelt

Meersalz und frisch gemahlener schwarzer Pfeffer

Teig

250 g Mehl

150 g Butter in Stückchen

2 Eigelb

2–3 EL eiskaltes Wasser

6 Portionen

Für den Teig Mehl und Butter in die Schüssel einer Küchenmaschine geben und für 10 Minuten in den Kühlschrank stellen. Unter Verwendung der Intervallstufe Mehl und Butter miteinander vermischen. Bei laufender Maschine die Eigelbe und gerade so viel Wasser hinzufügen, dass sich alle Zutaten zu einem Teig verbinden. Nicht zu lange rühren, weil der Teig sonst zäh wird. Den Teig aus der Schüssel nehmen und mit bemehlten Händen schnell zu einer Kugel formen. In Frischhaltefolie wickeln und 30 Minuten lang im Kühlschrank ruhen lassen.

2 Esslöffel Öl in eine Bratpfanne geben, Zwiebel und Knoblauch darin bei starker Hitze 2 Minuten lang weich braten. Den Mangold in die Pfanne geben und unter häufigem Rühren ca. 5 Minuten lang braten, bis er zusammenfällt und weich wird. Gut salzen und pfeffern, in der Pfanne lassen und zum Abkühlen beiseite stellen.

Den Backofen auf 220 °C vorheizen. Den Teig auf einem leicht bemehlten Bogen Backpapier zu einem Kreis mit ca. 35 cm Durchmesser ausrollen. Ungleichmäßige Ränder abschneiden. Den Teig von außen nach innen 1 cm breit umklappen. Noch einmal umklappen. Die Teigplatte auf ein Backblech legen. Die Mangoldmasse darauf verteilen.

Die Eier in eine Schüssel geben, die Eigelbe mit einer Gabel einstechen. Die Eier gleichmäßig über den Mangold gießen, den Käse darauf verteilen. Die Tarte mit dem restlichen Olivenöl beträufeln und im Backofen ca. 20 Minuten lang backen, bis der Teig goldgelb ist und die Oberseite der Tarte bräunt.

Vor dem Servieren 10 Minuten lang abkühlen lassen, anschließend in Stücke schneiden.

Mangold-Linsen-Suppe

1 l Gemüse- oder Hühnerbrühe

280 g getrocknete braune Linsen

65 ml Olivenöl

1 Zwiebel, gehackt

4 Knoblauchzehen, fein gehackt

850 g Mangold, geputzt und fein geschnitten

65 ml frisch gepresster Zitronensaft

1 kleines Bund Koriander, grob gehackt

Meersalz und frisch gemahlener schwarzer Pfeffer

4 Portionen

Brühe und Linsen in einem großen Topf zum Kochen bringen. Die Hitze reduzieren und die Linsen auf mittlerer Stufe ohne Deckel 1 Stunde lang weich kochen lassen.

Das Öl in einer großen Pfanne auf hoher Stufe erhitzen. Zwiebel und Knoblauch mit einer Prise Salz in 4–5 Minuten unter häufigem Rühren weich dünsten.

Den Mangold hinzufügen und unter ständigem Rühren 2–3 Minuten lang braten, bis er zusammengefallen ist. Danach zu den Linsen geben und auf niedriger Stufe 10 Minuten lang köcheln lassen.

Zitronensaft und Koriandergrün unterrühren, salzen und pfeffern. Sofort servieren.

Variante   Geben Sie zusammen mit dem Mangold in Würfel geschnittene Hähnchenbrust zu den Linsen und lassen Sie sie sanft in der Brühe garen.

Im Hochsommer sind kalte, aromatische Suppen und frische, knackige Salate ein großartiger Auftakt zu einem Menü. Für beide Rezepte sollten Sie nur allerfrischesten, gerade gepflückten Salat verwenden und sich vergewissern, dass er noch nicht geschossen ist oder eine milchige Flüssigkeit aus dem Strunk abgibt. Das kann nämlich bitteren Geschmack verursachen. Das beste Ergebnis erzielt man, wenn alle Suppenzutaten vor Beginn der Zubereitung kalt sind. Dadurch verringert sich die Kühlzeit und der Salat bleibt knackig.

Gekühlte Salatsuppe

250 g Kopfsalat, gesäubert und zerkleinert

250 g Joghurt

1 kleine Knoblauchzehe, mit 1 Pr grobem Salz zerdrückt

1–2 cm frischer Ingwer, geschält und fein gerieben

Frische Minzeblätter

Saft von ½ Zitrone

Meersalz und frisch gemahlener schwarzer Pfeffer

4 Portionen

Alle Zutaten in einen Mixer geben und gerade so viel Wasser hinzufügen, dass sich das Messer bewegt. So lange pürieren, bis die gewünschte Konsistenz erreicht ist. Die Suppe sollte relativ glatt sein. Noch einmal abschmecken und gekühlt servieren.

Caesar Salad

1 Romana-Salat

150 ml Olivenöl

2 große Knoblauchzehen, gepresst

2 EL frisch gepresster Zitronensaft von ½ großen Zitrone

½ TL Dijon-Senf

2 Sardellenfilets in Öl, abgetropft

1 großes Eigelb

2 Scheiben Brot vom Vortag, ohne Rinde und gewürfelt

2 EL frisch geriebener Parmesan

Meersalz und frisch gemahlener schwarzer Pfeffer

4 Portionen

Die Salatblätter abpflücken, waschen, in mundgerechte Stücke zerteilen und abtrocknen. In einem verschlossenen Plastikbeutel im Kühlschrank aufbewahren, damit der Salat knackig bleibt.

3 Esslöffel Olivenöl, die Hälfte des Knoblauchs, Zitronensaft, Senf, Sardellen und Eigelb in einem Mixer glatt pürieren. In ein Kännchen umfüllen und mit Salz und Pfeffer abschmecken.

Das restliche Öl in eine Pfanne geben und den übrigen Knoblauch darin erhitzen, bis er anfängt zu bräunen. Den Knoblauch herausholen und dafür die Brotwürfel in die Pfanne geben. Unter ständigem Rühren so lange braten, bis sie goldgelb sind. Herausnehmen und auf Küchenpapier abtropfen lassen.

Das Dressing umrühren, über die Salatblätter geben, gut vermischen und in eine Schüssel füllen. Mit den Croûtons und dem Parmesan bestreuen und sofort servieren.

Variante Wenn Sie keine Sardellen mögen, können Sie die Salatsoße auch mit einem Spritzer Worcestershiresauce aufpeppen. Sie können auch andere Arten von Salat verwenden, z. B. Radicchio, Eisbergsalat oder Chinakohl.

Diese Salsa verde ist eine scharfe, intensive und vielseitige Würzsoße, die ausgezeichnet zu fetthaltigen Lebensmitteln wie Schinken, Schweinefleisch und Lachs passt. Sie schmeckt aber auch toll zu Fisch, Lamm, Hühnchen, Kartoffeln oder Nudeln.

Salsa verde aus Rucola und Fenchel

2 TL Fenchelsamen

1 Knoblauchzehe

1 EL kleine Kapern, abgetropft

3 Sardellenfilets

25 g Rucola, gehackt

2 EL frisch gehackte glatte Petersilie

1 EL frisch gepresster Zitronensaft

4 EL Olivenöl

Meersalz und frisch gemahlener schwarzer Pfeffer

Ergibt ca. 125 ml

Eine Pfanne auf mittlerer Stufe erhitzen und die Fenchelsamen hineingeben. Unter Rühren ca. 1 Minute lang rösten, bis sie duften. Abkühlen lassen. In einen Mörser umfüllen und zu einem groben Pulver zerstoßen.

Fenchelpulver, Knoblauch, Kapern und Sardellenfilets in einer kleinen Schüssel vermischen und zu einer Paste zerdrücken oder in einem Mixer bzw. mit einem Pürierstab pürieren. Rucola, Petersilie, Zitronensaft und Öl hinzufügen und alles zu einer groben Soße verrühren. Mit Salz und Pfeffer abschmecken. Im Kühlschrank hält sich die Salsa bis zu 1 Woche. Da sie sich aber recht schnell verfärbt, verwendet man sie am besten frisch.

Kürbisgemüse

Kürbissuppe mit Honig und Salbei 🍂 Rotes Kürbiscurry
Geröstete Kürbisspalten mit Limette und Gewürzen
Kürbis-Ingwer-Konfitüre 🍂 **Kürbis-Zimt-Strudel**
Kürbis-Brotauflauf mit Mais 🍂 **Geröstete Kürbisspalten
mit Kürbiskernpesto** 🍂 Spaghetti mit Kürbis, Salbei und
Pecorino 🍂 **Gefüllte Mini-Kürbisse mit Pinienkernen und
Korinthen** 🍂 Süße Kürbistarte mit Pacannüssen und
Ahornsirup 🍂 **Kürbis-Auberginen-Chutney**
Zucchinigratin mit Kräutern und Ziegenkäse 🍂 **Zucchini-
Fenchel-Tarte** 🍂 Zucchini vom Grill 🍂 **Sautierte Zucchini
mit Pancetta und Thymian** 🍂 Minzige Zucchini-Frittata
In Honig geröstete Zucchini mit Feta 🍂 Zucchini-
Schokoladen-Kuchen 🍂 **Zucchinibrot mit Feta und
Zitronenthymian**

Kürbis und Salbei sind eine wunderbare Kombination und ergeben eine gehaltvolle, wärmende Suppe. Statt der ausgebackenen Salbeiblätter als Dekoration können Sie vor dem Servieren auch ein paar geröstete Kürbiskerne über die Suppe streuen. Für dieses Rezept wird Gemüsebrühe verwendet, Sie können aber auch Hühnerbrühe nehmen.

Kürbissuppe
mit Honig und Salbei

75 g Butter

1 kleine bis mittelgroße Zwiebel, grob gehackt

1 Karotte, fein gehackt

1 Knoblauchzehe, gepresst

1 kg Hokkaido oder Butternuss-Kürbis, entkernt, geschält und gewürfelt

2 gehäufte EL klarer Honig

3 Zweige frischer Salbei und zusätzlich knusprig gebackene Salbeiblätter zum Dekorieren (nach Belieben)

750 ml Gemüsebrühe

75 g Crème double

Frisch gepresster Zitronensaft zum Abschmecken

Meersalz und frisch gemahlener schwarzer Pfeffer

4–6 Portionen

Die Butter in einem großen Topf zerlassen. Zwiebel, Karotten und Knoblauch darin bei milder Hitze unter gelegentlichem Rühren 4–5 Minuten lang dünsten. Die Kürbiswürfel, Honig und Salbei hinzufügen, umrühren und zugedeckt ca. 10 Minuten lang sehr sanft garen. Die Brühe angießen, zum Kochen bringen und 10 Minuten lang kochen lassen, bis das Gemüse weich ist. Den Herd abschalten und die Suppe etwas abkühlen lassen. Den Salbei herausnehmen und die Suppe abseihen, die Flüssigkeit aufheben. Das Gemüse mit ein wenig Kochflüssigkeit in einer Küchenmaschine zu einem glatten Püree verarbeiten.

Das Kürbispüree in einen sauberen Topf füllen und die übrige Kochflüssigkeit hinzufügen. Die Suppe aufkochen, dann die Sahne einrühren. Nicht mehr kochen. Mit ca. 1 Esslöffel Zitronensaft, 1 Teelöffel Salz und Pfeffer abschmecken.

Vor dem Servieren mit einem Extraschuss Sahne und knusprig gebackenen Salbeiblättern garnieren, Voll- oder Mehrkornbrot dazu reichen.

So lassen sich die frischen Kürbisse im Herbst genießen. Die würzigen Kürbisspalten können Sie allein servieren oder zu gebratenem oder gegrilltem Fleisch oder Geflügel. Heben Sie die Kürbiskerne auf und rösten Sie diese leicht mit ein wenig Öl und grobem Salz als Knabberei oder zur Suppe auf der Seite gegenüber. Für das thailändische Curry können Sie z. B. Butternuss-Kürbis verwenden. Damit das Gericht für Gäste noch raffinierter wird, fügen Sie 5 Minuten vor Ende der Garzeit ein paar gekochte Garnelen hinzu.

Rotes Kürbiscurry

2 EL Sonnenblumenöl

1 rote Zwiebel, in dünne Scheiben geschnitten

2 Knoblauchzehen, gepresst

1 TL fein geriebener frischer Ingwer

3 EL rote Thai-Currypaste

800 g Kürbisfleisch, in mundgerechte Stücke geschnitten

400 ml Kokosmilch

150 ml Gemüsebrühe

6 Kaffirlimettenblätter und zusätzlich fein geschnittene Blätter zum Garnieren

2 TL geriebener Palmzucker

3 Stängel Zitronengras, gequetscht

Salz und frisch gemahlener schwarzer Pfeffer

Thaibasilikumblätter zum Garnieren

4 Portionen

Das Sonnenblumenöl in einem großen, antihaftbeschichteten Wok oder einer Pfanne erhitzen. Zwiebel, Knoblauch und Ingwer unter ständigem Rühren 3–4 Minuten lang braten. Die Currypaste und die Kürbisstücke hinzufügen und ebenfalls unter ständigem Rühren 3–4 Minuten lang braten.

Kokosmilch, Brühe, Kaffirlimettenblätter, Zitronengras sowie Palmzucker hinzufügen und zum Kochen bringen. Anschließend die Hitze reduzieren und das Curry unter gelegentlichem Rühren 20–25 Minuten lang sanft köcheln lassen, bis der Kürbis weich ist.

Gut würzen und unmittelbar vor dem Servieren mit den Thaibasilikumblättern und den fein geschnittenen Kaffirlimettenblättern garnieren.

Geröstete Kürbisspalten mit Limette und Gewürzen

1 mittelgroßer Kürbis, längs halbiert, entkernt und in 6–8 Segmente geschnitten

2 TL Koriandersamen

1 TL Kreuzkümmelsamen

1 TL Fenchelsamen

1–2 TL gemahlener Zimt

2 getrocknete rote Chilischoten, gehackt

2 Knoblauchzehen

2 EL Olivenöl

Grobes Meersalz

Fein geriebene Schale von 1 Limette

6 *Spieße aus Holz oder Metall zum Anrichten (nach Belieben)*

6 Portionen

Den Backofen auf 200 °C vorheizen.

Alle trockenen Gewürze mit dem Salz im Mörser zermahlen. Mit dem Knoblauch und ein wenig Olivenöl zu einer Paste verarbeiten. Die Kürbisspalten mit dieser Mischung einreiben und mit der Schale nach unten in eine Auflaufform oder einen Bräter setzen. Im Backofen 35–40 Minuten lang backen, bis sie zart sind. Mit der Limettenschale bestreuen und noch heiß, eventuell auf Spieße gesteckt, servieren.

Hier sind zwei perfekte Rezepte für den Frühherbst: zum Einen ein krümeliger, himmlischer Strudel mit cremiger, süßer Kürbisfüllung und einem Hauch Zimt und zum Anderen eine aromatische und herrlich bernsteinfarbene Konfitüre. Sie können sie zu Scones mit Clotted Cream servieren, als Füllung für Kuchen und Torten verwenden oder auf Toastbrot oder Croissant zum Frühstück genießen. Das Rezept ergibt eine geschmeidige Konfitüre, die sich mindestens 9 Monate lang gut hält. Einmal geöffnet, sollte sie jedoch im Kühlschrank aufbewahrt werden.

Kürbis-Ingwer-Konfitüre

1 kg vorbereiteter Kürbis, in 1–2 cm große Stücke geschnitten

Geriebene Schale und Saft von 2 großen Zitronen

1 kg Kristallzucker

7,5 cm frischer Ingwer, in Scheiben geschnitten

500 g Kochäpfel, geschält, entkernt und klein geschnitten

50 g in Sirup eingelegter Ingwer, abgetropft und in kleine Stückchen geschnitten

Ein kleines Stück Mull

Küchengarn

4–5 sterilisierte Gläser (siehe Anmerkung auf Seite 4)

Ergibt 4–5 kleine (225 g) Gläser

Kürbis, Zitronenschale und Zucker in eine große säurebeständige Schüssel schichten. Den Ingwer, eventuell vorhandene Zitronenkerne und Fruchtfleisch in ein kleines Mulltuch wickeln, zubinden und zwischen die Kürbiswürfel legen. Den Zitronensaft über den Kürbis gießen, mit Frischhaltefolie bedecken und an einem kühlen Ort 24 Stunden lang durchziehen lassen. Währenddessen einmal umrühren.

Die Mischung in einen großen Einmachtopf füllen und die Äpfel hinzufügen. Das Mullsäckchen so an einen Griff des Topfes binden, dass es in die Kürbismischung hängt.

Bei milder Hitze unter Rühren erwärmen, bis sich der Zucker vollständig aufgelöst hat. Anschließend die Temperatur erhöhen und sanft köcheln lassen, bis der Kürbis weich wird. Die Temperatur nochmals erhöhen und die Mischung so lange kochen lassen, bis der Gelierpunkt erreicht ist, d.h. ca. 8–10 Minuten (siehe Seite 168). Den Ingwer einrühren. Das Mullsäckchen ausdrücken und entfernen. Die Konfitüre 15 Minuten lang abkühlen lassen, umrühren, dann in heiße, trockene, sterilisierte Gläser füllen und diese sofort verschließen.

Kürbis-Zimt-Strudel

200 g Kürbis

½ TL gemahlener Zimt

50 g extrafeiner brauner Zucker

3 große Platten dicker Filoteig (47 × 32 cm)

20 ml Pflanzenöl

Puderzucker zum Bestäuben

1 Backblech, gefettet

Ergibt 6 Stücke

Den Backofen auf 170 °C vorheizen.

Den Kürbis schälen und entkernen. Das Fruchtfleisch raspeln und überschüssige Flüssigkeit herausdrücken. In einer Schüssel mit Zimt und Zucker vermischen.

Eine Teigplatte auf das vorbereitete Backblech legen und mit ein wenig Öl einpinseln. Ein zweite Platte drauflegen und ebenfalls mit Öl einpinseln. Mit der dritten Teigplatte ebenso verfahren.

Die Kürbisfüllung entlang einer Längsseite auf den Teig geben. Dabei an den Seiten 2 cm Rand freilassen, die Füllung ca. 5 cm breit verstreichen. Die Längsseite des Teiges, die der Füllung am nächsten ist, ca. 2 cm nach innen umklappen, dann den Teig aufrollen. Dabei kontinuierlich die Seitenränder nach innen stecken, damit beim Backen nicht so viel Flüssigkeit herausläuft.

Den Strudel an der Oberseite mit ein wenig Öl bestreichen und im vorgeheizten Backofen 25 Minuten lang hell goldgelb backen. Aus dem Backofen nehmen und 5 Minuten lang abkühlen lassen. Großzügig mit Puderzucker bestäuben und warm servieren.

Eines der einfachsten und köstlichsten Kürbisgerichte ist, ihn in Spalten zu schneiden und zu rösten. Dadurch wird seine Süße und seine an Esskastanien erinnernde Konsistenz betont, und er harmoniert gut zu einem pikanten und vollmundigen Pesto wie diesem hier. Wer es deftiger mag, wird diesen herzhaften Brotauflauf lieben. Die Süße von Kürbis und Mais passt gut zu dem geschmolzenen Käse und dem Brot. Statt des Baguettes können Sie die Endstücke von Brotlaiben verwenden. Und auch bei der Käsesorte können Sie variieren – eine tolle Gelegenheit, Reste aufzubrauchen.

Kürbis-Brotauflauf mit Mais

1 EL Olivenöl

1 große Zwiebel, halbiert und in dünne Scheiben geschnitten

375 ml Milch

225 g Sahne

3 Eier, verquirlt

1 kleines Bund Schnittlauch, in Röllchen geschnitten

1 kleines Bund Petersilie, fein gehackt

1 Baguette, in 5 mm dicke Scheiben geschnitten

300 g Maiskörner, frisch, aus der Dose oder tiefgefroren

ca. 500 g Butternuss-Kürbis, geschält und in Scheiben geschnitten

100 g reifer Cheddar oder mittelalter Gouda, gerieben

Meersalz und frisch gemahlener schwarzer Pfeffer

1 20 × 30 cm große Auflaufform, sehr gut gebuttert

4–6 Portionen

Den Backofen auf 190 °C vorheizen.

Öl in einer großen Pfanne erhitzen. Die Zwiebel darin bei milder Hitze in 3–5 Minuten glasig dünsten. Würzen und beiseite stellen.

Milch, Sahne und Eier in einer kleinen Schüssel mit dem Schneebesen vermischen. Mit 1½ Teelöffeln Salz würzen. Schnittlauch und Petersilie untermischen und beiseite stellen.

Die Hälfte der Brotscheiben nebeneinander in die vorbereitete Auflaufform legen, den Boden bedecken. Die Hälfte der Zwiebelscheiben darauf verteilen, darüber die Hälfte der Maiskörner streuen. Die Hälfte der Kürbisscheiben gleichmäßig darüberlegen und mit der Hälfte des Käses bestreuen. Diesen Vorgang wiederholen. Die Milchmischung einmal aufrühren und gleichmäßig über den Auflauf gießen.

Gut mit Aluminiumfolie abdecken und im Backofen 20 Minuten lang backen. Die Folie entfernen und in weiteren 30–40 Minuten goldgelb backen. Sofort servieren.

Geröstete Kürbisspalten mit Kürbiskernpesto

1 mittelgroßer oder 2 kleinere Kürbisse, z. B. Hokkaido oder Butternuss, ungeschält

Natives Olivenöl extra zum Beträufeln

Ein paar frische Salbeiblätter

Für das Pesto

25 g Kürbiskerne

1 Knoblauchzehe

1 kleines Bund glatte Petersilie (ca. 25 g)

1 kleine getrocknete rote Chilischote, zerkrümelt, Kerne entfernt (nach Belieben)

25 g halbgetrocknete Tomaten in Olivenöl, abgetropft

Je 25 g Parmesan und Pecorino oder 50 g Parmesan, frisch gerieben

3–4 EL natives Olivenöl extra

Frisch gepresster Zitronensaft oder 1–2 EL Crème fraîche zum Abschmecken

Meersalz und frisch gemahlener schwarzer Pfeffer

4 Portionen

Den Backofen auf 200 °C vorheizen.

Den Kürbis in Spalten schneiden, dabei die Kerne und das faserige Innere entfernen. Auf ein Backblech legen, würzen, mit ca. 1 Esslöffel Olivenöl pro Spalte beträufeln und mit ein paar zerrupften Salbeiblättern bestreuen. Unbedeckt ca. 35–40 Minuten lang backen, bis der Kürbis zart ist. Währenddessen einmal umdrehen und mit dem Öl beträufeln.

In der Zwischenzeit das Pesto zubereiten. Die Kürbissamen in einer Pfanne ohne Fett bei milder Hitze ein paar Minuten lang rösten. Kürbiskerne, Knoblauch, Petersilie, Chili und Tomaten in einer Küchenmaschine zu einer groben Paste verarbeiten. Den Käse und so viel Öl hinzufügen, dass sich ein dickflüssiges Pesto ergibt. Abschmecken und je nach Vorliebe einen Spritzer Zitronensaft hinzufügen, um den Geschmack zu verstärken, oder ein wenig Crème fraîche, um ihn zu mildern. Sofort mit den Kürbisspalten servieren.

Die Mini-Kürbisse stecken voller sizilianischer Aromen, und die überraschende Kombination von süßen Korinthen mit der Salzigkeit von Kapern und Käse schmeckt einfach wunderbar. Zitrone und Minze steigern das Ganze noch. Die schmackhafte Pasta orientiert sich an einem Klassiker der italienischen Küche: Kürbisravioli mit Salbeibutter. Dies hier ist sozusagen eine von innen nach außen gekehrte Variante.

Gefüllte Mini-Kürbisse
mit Pinienkernen und Korinthen

4 kleine Acorn-Squash-Kürbisse oder 4 große Zucchini (ca. 18–20 cm lang)

1 EL in Salz eingelegte Kapern

30 g Korinthen

1 mittelgroße Zwiebel, fein gehackt

5–6 EL natives Olivenöl extra

2–3 Knoblauchzehen, fein gehackt

120 g frische weiße Semmelbrösel

2 EL frisch gehackte glatte Petersilie

2 EL frisch gehackte Minze

1–2 TL geriebene Zitronenschale

50 g Parmesan, frisch gerieben

50 g Pinienkerne, leicht geröstet

1 Ei, verquirlt (nach Belieben)

1 EL frisch gepresster Zitronensaft

Meersalz und frisch gemahlener schwarzer Pfeffer

1 Auflaufform, geölt

4 Portionen

Spaghetti mit Kürbis,
Salbei und Pecorino

65 ml natives Olivenöl extra

400 g Butternuss-Kürbis, geschält, entkernt und in dünne Spalten geschnitten

2 Knoblauchzehen, gehackt

10–12 kleine frische Salbeiblätter

400 g Spaghetti

1 Handvoll glatte Petersilie, gehackt

50 g Pecorino, gerieben

Meersalz und frisch gemahlener schwarzer Pfeffer

4 Portionen

Das Öl in einer Pfanne auf hoher Stufe erhitzen. Die Kürbisspalten hinzufügen und unter häufigem Wenden ca. 5–6 Minuten braten. Sie sollten goldgelb sein, aber noch nicht zerbrechen. Den Knoblauch und die Salbeiblätter in die Pfanne geben und 2–3 Minuten lang mitbraten. Von der Kochstelle nehmen und ein wenig ruhen lassen, damit sich die Aromen entfalten können.

Die Nudeln nach Packungsanleitung kochen. Gut abtropfen lassen und mit der Kürbismischung zurück in den warmen Topf geben. Die Petersilie und die Hälfte des Pecorinos hinzufügen und gut salzen und pfeffern. Sofort mit dem restlichen Käse bestreut servieren.

Wenn Sie Acorn Squash verwenden, schneiden Sie an der Unterseite eine kleine Scheibe ab, damit die Früchte aufrecht stehen bleiben. Dann schneiden Sie oben einen Deckel ab und entfernen die Samen. Zucchini halbieren Sie längs und entfernen mit einem Löffel die Samen. Die Schnittflächen salzen und die Früchte mit der Öffnung nach unten hinlegen, damit sie abtropfen können. Kapern und Korinthen in zwei getrennten Schüsseln mit Wasser einweichen lassen.

Die Kürbisse bzw. Zucchini nach ca. 45–60 Minuten abspülen, trocken tupfen und 10–12 Minuten lang dämpfen, bis sie gerade zart sind. Auf Küchenpapier abtropfen lassen. Den Backofen auf 190 °C vorheizen.

In der Zwischenzeit die Zwiebel mit 1 Prise Salz in 2 Esslöffeln Öl bei milder Hitze ca. 10–15 Minuten lang weich dünsten. Knoblauch hinzufügen und 3–4 Minuten lang mitbraten. Kapern und Korinthen abgießen. Zwiebel und Knoblauch mit allen anderen Zutaten außer dem Ei, dem restlichen Öl und dem Zitronensaft vermischen. Mit Salz und Pfeffer abschmecken. Nach Belieben das Ei unterrühren, wenn die Füllung fester werden soll. Die Kürbisse bzw. Zucchini in eine Auflaufform setzen und die Füllung in die Vertiefungen geben. Das restliche Öl mit dem Zitronensaft vermischen und das Gemüse damit beträufeln. Im Backofen in 30–35 Minuten goldgelb und knusprig backen, währenddessen einmal mit Öl beträufeln. Warm mit einem griechischen Salat servieren.

Diese Tarte ist eines der seltenen Gerichte, das in Wirklichkeit genauso gut, wenn nicht gar besser schmeckt als in der Vorstellung. Der Kürbis mildert die Süße des Karamells der traditionellen Pecan Pie und macht sie weicher und zarter. Für diese Tarte benötigen Sie einen süßen Kürbis mit orangefarbenem Fruchtfleisch. Sie können Exemplare französischer oder italienischer Sorten (z. B. Jaspée de Vendée, Sucrine du Berry oder Pleine de Naples) verwenden oder Delicata-Kürbisse. Am besten schmeckt die Tarte warm mit Schlagsahne oder Vanilleeis.

Süße Kürbistarte
mit Pekannüssen und Ahornsirup

Für den Teig Mehl, Puderzucker und Butter in einer Küchenmaschine zu Krümeln verarbeiten. Das Eigelb und nach und nach so viel Zitronensaft hinzufügen, dass sich eine Teigkugel bildet. In Frischhaltefolie wickeln und für mindestens 45 Minuten in den Kühlschrank legen. Den Teig auf einer bemehlten Arbeitsfläche ausrollen und die Backform damit auskleiden. Weitere 30 Minuten kalt stellen. Den Backofen auf 190 °C vorheizen. Die Ränder der Tarte mit Alufolie bedecken und die Tarte im Backofen 12 Minuten lang backen. Die Folie entfernen, eventuell entstandene Luftblasen im Boden herunterdrücken und die Tarte weitere 10 Minuten hellbraun backen. Aus dem Backofen nehmen und die Temperatur auf 180 °C reduzieren.

In der Zwischenzeit die Butter in einer Pfanne zerlassen und die Kürbisraspel darin 5 Minuten lang sanft dünsten, bis sie weich und leicht gebräunt sind. Die Temperatur etwas erhöhen und 2 Esslöffel Roh-Rohrzucker um den Kürbis herum schmelzen und karamellisieren lassen. Den Bourbon dazugießen und sprudelnd kochen lassen, bis sich ein klebriger Sirup bildet. Dann die gehackten Pekannüsse untermischen. Die Kürbismischung in den Tarteboden füllen, die Pekannusshälften darauf verteilen. Die Eier, den restlichen Zucker, Zitronenschale, Ahornsirup und Vanilleextrakt verquirlen, dann langsam die Sahne unterschlagen. Die Mischung über die Kürbisfüllung gießen. In dem noch heißen Backofen 35–40 Minuten lang backen, bis die Tarte aufgegangen ist und in der Mitte noch ganz leicht wackelt.

Für den Teig

180 g Mehl

2 EL Puderzucker

90 g kalte Butter

1 Eigelb

1–2 EL frisch gepresster Zitronensaft

Füllung

25 g Butter

300 g vorbereiteter Kürbis, geraspelt

50 g heller Roh-Rohrzucker

2 EL Bourbon oder Rum

100 g Pekannusshälften, zur Hälfte gehackt

2 Eier

Geriebene Schale von 1 Zitrone

150 ml dunkler Ahornsirup

½ TL Vanilleextrakt

150 g Crème double

Puderzucker zum Bestäuben

1 tiefe Tarteform mit herausnehmbarem Boden und 22–23 cm Durchmesser

8 Portionen

Dieses Chutney besitzt eine goldene Farbe mit violetten und roten Sprenkeln von den Auberginen und den Chilischoten. Wenn Sie Farbe und Geschmack noch intensiver wünschen, dann können Sie den weißen Zucker durch braunen ersetzen.

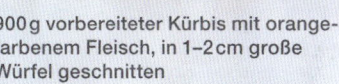

Kürbis-Auberginen-Chutney

Kürbis und Auberginen mit Zwiebeln, Knoblauch, Chilischoten, zerstoßenen Koriander- und Senfkörnern, Orangensaft und -schale in einen großen Edelstahltopf geben. Mit einem Nudelholz auf den Ingwer schlagen, damit er aufbricht. In ein kleines Mulltuch wickeln und zur Mischung geben. Mit Essig übergießen. Aufkochen, dann 40–50 Minuten lang bei halb verschlossenem Topf köcheln lassen, bis der Kürbis wirklich zart ist. Den angewärmten Zucker und das Salz hinzufügen und so lange rühren, bis sich der Zucker aufgelöst hat. Dann wieder aufkochen und ca. 30–40 Minuten lebhaft kochen lassen, bis die Mischung dick und die Flüssigkeit fast vollständig verdampft ist. Währenddessen alle paar Minuten umrühren. Gegen Ende der Kochzeit häufiger rühren, damit die Masse nicht am Topfboden anhängt.

Das Chutney ist fertig, wenn ein Holzlöffel, den man über den Topfboden zieht, für ein paar Sekunden eine deutliche Spur hinterlässt. Nach Belieben mit Salz, Cayennepfeffer oder Chilipulver abschmecken. 10 Minuten lang ruhen lassen, gut umrühren, das Säckchen mit dem Ingwer entfernen und in heiße, trockene, sterilisierte Gläser füllen. Sofort verschließen und auf den Kopf stellen. Die Gläser vor dem Umdrehen abkühlen lassen. Vor dem Verwenden mindestens 4 Wochen lang stehen lassen.

Anmerkung Zum Verschließen von Chutneys sollten entweder kunststoffbeschichtete Deckel oder Zellophan verwendet werden, weil Essig Metall angreifen kann. An einem kühlen, dunklen Ort hält sich das Chutney mindestens 12 Monate lang. Nach dem ersten Öffnen im Kühlschrank aufbewahren.

900 g vorbereiteter Kürbis mit orangefarbenem Fleisch, in 1–2 cm große Würfel geschnitten

2 große Auberginen (ca. 500 g), in 1–2 cm große Würfel geschnitten

650 g Zwiebeln, gehackt

4 Knoblauchzehen, gepresst

2–3 rote Chilischoten, entkernt und in feine Streifen geschnitten

Je 1 EL Koriandersamen und braune Senfkörner, zerstoßen

Fein zerkleinerte Schale und Saft von 1 Orange

50 g frischer Ingwer

400 ml Apfel- oder Weißweinessig

400 g Kristallzucker, angewärmt

2 TL Salz und etwas zusätzlich zum Abschmecken

Cayennepfeffer oder Chilipulver zum Abschmecken

1 kleines Mulltuch

Küchengarn

4–5 sterilisierte Gläser mit Deckel (siehe Anmerkung auf Seite 4)

Ergibt 4–5 mittelgroße Gläser (je 350 g)

Zucchinigratin mit Kräutern und Ziegenkäse

Dieses Gratin ist ein Klassiker der französischen Hausmannskost und wird mit pikantem Ziegenkäse überbacken. Wenn Sie selbst Kräuter anbauen, dann verwenden Sie dafür alles, was gerade so wächst: Bohnenkraut, Majoran, Oregano oder andere Kräuter mit weichen Blättern – je mehr, desto besser. Servieren Sie dazu ganz einfach einen gemischten Salat aus Kopfsalat und reifen Tomaten und einen großen Korb voll frischen, knusprigen Brotes.

* Tipp

Für Zucchini gibt es viele wunderbare Verwendungsmöglichkeiten – sowohl für gekochte als auch für rohe Zucchini (probieren Sie sie einmal geraspelt im Salat), in salzigen wie in süßen Gerichten (sie eignen sich toll für einen saftigen Rührkuchen, siehe Seite 127). Was viele Leute aber nicht wissen, ist, dass man auch die Blüten essen kann. Verwenden Sie sie zum Beispiel mit Frischkäse gefüllt, in Ausbackteig getaucht und frittiert – köstlich!

250 g Crème double

1 kleines Bund glatte Petersilie, fein gehackt

1 kleines Bund Schnittlauch, in Röllchen geschnitten

1 Pr frisch geriebene Muskatnuss

75 g Gruyère, gerieben

1,5 kg Zucchini, in sehr feine Scheiben geschnitten

150 g weicher Ziegenkäse

Meersalz und frisch gemahlener schwarzer Pfeffer

1 24 cm große, tiefe, runde Auflaufform, gut gebuttert

4 Portionen

Den Backofen auf 190 °C vorheizen.

Crème double, Petersilie, Schnittlauch, Muskatnuss, Salz und Pfeffer in einer kleinen Schüssel miteinander verquirlen. Die Hälfte des Gruyères hinzufügen.

Die Hälfte der Zucchinischeiben in die vorbereitete Auflaufform füllen, mit dem restlichen Gruyère bestreuen und ein wenig salzen. Darauf die übrigen Zucchinischeiben legen, nochmals würzen und mit der Sahnemischung übergießen. Den Ziegenkäse zerkrümeln und gleichmäßig darüberstreuen.

Im Backofen in 35–45 Minuten goldbraun backen. Sofort mit einem gemischten Salat und viel knusprigem Brot servieren.

Anmerkung Sie können das Gratin auch in 4 kleinen Auflaufformen zubereiten. In diesem Fall verkürzt sich die Garzeit um 5–10 Minuten.

Zusammen mit Rucolasalat, Fisch und Weißwein eignet sich diese frische und köstlich schmeckende Zucchini-Fenchel-Tarte perfekt für ein Picknick im Sommer.

Zucchini-Fenchel-Tarte

1 Portion Pizzateig (siehe Seite 56)

350 g Zucchini, in 1 cm dicke Scheiben geschnitten

200 g Fenchel, geputzt und in 1 cm dicke Scheiben geschnitten

1 kleine rote Zwiebel, in 5 mm dicke Scheiben geschnitten

40 ml Olivenöl

1 TL Salz

½ TL zerstoßener schwarzer Pfeffer

1 EL frisch gehackte Petersilie

100 g reifer Cheddar oder mittelalter Gouda, gerieben

150 g griechischer Joghurt

1 10×33 cm große Tarteform, gefettet

ca. 6 Portionen

Den Backofen auf 200 °C vorheizen.

Zucchini, Fenchel, Zwiebel, Öl, Salz und Pfeffer in einen Bräter geben und gründlich vermischen. Den Bräter mit Alufolie abdecken und das Gemüse im Backofen 30 Minuten lang garen. Herausnehmen und zugedeckt 10–15 Minuten lang abkühlen lassen.

Die Backofentemperatur auf 170 °C reduzieren.

Eventuell aus dem Gemüse ausgetretenen Saft abgießen, die Petersilie und 60 g Käse untermischen.

Die Tarteform mit dem Pizzateig auslegen, die Ränder noch nicht abschneiden.

Den Joghurt und den restlichen Käse in einer Schüssel vermischen und auf den Pizzateig streichen. Das geröstete Gemüse gleichmäßig darüber verteilen. Im heißen Ofen 25–30 Minuten lang backen. Herausnehmen und abkühlen lassen.

Zucchini vom Grill

8 Zucchini, längs in 1 cm dicke Scheiben geschnitten

Olivenöl

Balsamico-Essig

Salz und frisch gemahlener schwarzer Pfeffer

8 Portionen

Die Zucchinischeiben auf einem vorgeheizten Grill bei mittlerer Hitze von beiden Seiten 3–4 Minuten lang grillen, bis sie leicht angebrannt sind. Auf einen Teller legen und mit Essig und Öl beträufeln, mit Salz und Pfeffer bestreuen. Heiß, warm oder kalt servieren.

Sautierte Zucchini mit Pancetta und Thymian

500 g Zucchini

3 EL Olivenöl

75 g Pancetta- oder andere Speckwürfel

1 EL frisch gehackter Thymian

Meersalz (nach Belieben) und frisch gemahlener schwarzer Pfeffer

Frisch gepresster Saft von ½ Zitrone

4 Portionen

Die Zucchini putzen und in Würfel schneiden. Das Öl in einer Pfanne erhitzen und die Speckwürfel darin goldgelb braten. Die Zucchiniwürfel hinzufügen und bei starker Hitze 3–4 Minuten lang braten. Von Zeit zu Zeit wenden, bis die Schnittflächen anfangen, goldgelb zu werden.

Thymian und viel schwarzen Pfeffer hinzufügen. Mit einem Spritzer Zitronensaft würzen und sofort servieren.

Minzige Zucchini-Frittata

6 große Eier

2 EL Minze, frisch gehackt

250 g kleine neue Kartoffeln, in dicke Scheiben geschnitten

2 EL Olivenöl

1 große Zwiebel, gehackt

4 Zucchini, in Scheiben geschnitten

Meersalz und frisch gemahlener schwarzer Pfeffer

3–4 Portionen

Die Eier in einer Schüssel mit einer Gabel kurz verquirlen. Gut salzen und pfeffern, die gehackte Minze untermischen.

Die Kartoffeln in Salzwasser garen. Gut abtropfen lassen.

In der Zwischenzeit das Öl in einer Pfanne erhitzen, die Zwiebel hinzufügen und bei milder Hitze ca. 10 Minuten lang dünsten, bis sie weich und goldgelb ist. Die Zucchini hinzufügen und unter Rühren 3–4 Minuten mitdünsten, bis sie gerade weich ist. Die Kartoffeln behutsam untermischen.

Die Eier über das Gemüse gießen und bei milder Hitze garen, bis die Frittata an der Unterseite leicht gebräunt und an der Oberseite fast gestockt ist. Kurz unter einen vorgeheizten Grill schieben, damit die Oberseite fest wird.

In Honig geröstete Zucchini mit Feta

500 g Zucchini, größere Exemplare entkernt, in grobe Stifte geschnitten

2 Knoblauchzehen, in Scheiben geschnitten

3 EL natives Olivenöl extra

200 g Feta, grob zerkrümelt

2 EL flüssiger Honig

Frisch gemahlener schwarzer Pfeffer

1 große Auflaufform

4 Portionen

Den Backofen auf 220 °C vorheizen.

Die Zucchinistücke nebeneinander in die Auflaufform füllen. Den Knoblauch hinzufügen und mit 2 Esslöffeln Olivenöl beträufeln. Mischen, sodass die Zucchini gleichmäßig mit Öl und Knoblauch überzogen sind.

Die Zucchini gleichmäßig in der Form verteilen. Mit dem Feta bestreuen und mit dem restlichen Öl und dem Honig beträufeln, mit dem Pfeffer bestreuen. Im Backofen so lange rösten, bis die Zucchini goldbraun sind. In eine Servierschale umfüllen und sofort servieren.

Für den Fall, dass Sie ein Überangebot an Zucchini haben: Sie eignen sich hervorragend zum Backen. Bei beiden Rezepten erfüllen die Zucchini denselben Zweck wie die geriebenen Karotten in der geläufigeren Rüeblitorte: Sie halten den Kuchen herrlich frisch und saftig.

Zucchini-Schokoladen-Kuchen

250 g weiche Butter

250 g feiner hellbrauner Zucker

2 TL Vanilleextrakt

3 Eier

125 ml Milch

350 g Mehl

4½ TL Backpulver

4 EL Kakaopulver

450 g Zucchini, geschält und geraspelt

1 30×20 cm große Backform, gebuttert und mit Backpapier ausgekleidet

Ergibt ca. 20 Quadrate

Den Backofen auf 180 °C vorheizen.

Butter, Zucker und Vanilleextrakt in einer Schüssel mit einem Holzlöffel oder einem elektrischen Handrührgerät schaumig schlagen.

Die Eier in einer Schüssel mit einer Gabel kurz verquirlen. Nach und nach unter die Schaummasse rühren. Die Milch ebenfalls unterschlagen.

Mehl, Backpulver und Kakaopulver in die Schüssel sieben und mit einem Metalllöffel unterheben. Die Zucchiniraspel hinzufügen und ebenfalls unterheben.

Den Kuchenteig in die Backform füllen und im Backofen 35–45 Minuten lang backen. Garprobe mit einem Spieß durchführen: Wenn der Spieß beim Herausziehen sauber ist, ist der Kuchen fertig. Den Kuchen aus der Form nehmen, abkühlen lassen und in quadratische Stücke schneiden.

Zucchinibrot mit Feta und Zitronenthymian

325 g Mehl

2 TL Backpulver

1 TL Salz

200 ml Vollmilch

150 ml natives Olivenöl extra

2 Eier, verquirlt

1 große Zucchini, geputzt und geraspelt

125 g Feta, zerkrümelt

2 Zweige frischer Zitronenthymian, Blättchen abgezupft

Frisch gemahlener schwarzer Pfeffer

1 Brotbackform, mit Backpapier ausgekleidet

Ergibt einen 900-g-Laib

Den Backofen auf 180 °C vorheizen.

Mehl mit Backpulver und Salz in eine große Schüssel sieben und pfeffern.

Milch mit Öl in einem Messbecher vermischen, die Eier unterrühren. Zusammen mit den Zucchiniraspeln, zwei Dritteln des Fetas und der Hälfte der Thymianblättchen zu den trockenen Zutaten geben. Alles gut miteinander verrühren. Nicht zu lange rühren, da sonst der Teig zäh wird. In die Backform füllen. Den restlichen Käse und Thymian darüberstreuen. Im vorgeheizten Backofen 1–1¼ Stunden lang backen. Garprobe machen (siehe nebenstehendes Rezept).

Aus dem Ofen nehmen und 10 Minuten lang in der Form, dann auf einem Kuchengitter abkühlen lassen.

Pilze

Gebackene Pilze mit würziger Kürbisfüllung

Pilzsuppe mit Madeira und Haselnüssen

Thymian-Pilz-Ragout mit breiten Nudeln ❧ Pilztarte

Überbackene Pilze mit Manchego-Béchamelsoße

Sautierte Pilze und Linsen mit Speck

Knoblauchpilze und Ziegenkäse auf Röstbrot

Diese beiden Gerichte stecken voller warmer Aromen. Servieren Sie zu den gefüllten Pilzen einen Pilaw und vielleicht einen Spinatsalat. Verwenden Sie einen Kürbis mit eher trockenem Fleisch, z.B. Kabocha oder Crown Prince. Die Pilze und ihre Erdigkeit harmonieren ausgesprochen gut mit der Süße des Madeiraweins, die Haselnüsse machen die Suppe wunderbar sämig.

Gebackene Pilze mit würziger Kürbisfüllung

1 kleiner Kürbis (ca. 900 g), geschält, entkernt und gewürfelt

5–6 EL Olivenöl

1 kleines Bund frischer Thymian

¼ TL getrocknete Chiliflocken

1 Knoblauchzehe, gehackt

1 Dose Kichererbsen (400 g), abgetropft

½ –1 TL gemahlene geröstete Kreuzkümmelsamen

Frisch gepresster Zitronensaft zum Abschmecken

1–2 EL glatte Petersilie, gehackt

1–2 EL Crème fraîche (nach Belieben)

8 große flache Zuchtchampignons, entstielt

4 EL geröstete Kürbiskerne

Meersalz und frisch gemahlener schwarzer Pfeffer

Für die Soße

1 Knoblauchzehe

1 Pr grobes Meersalz

3–4 EL Tahini

Frisch gepresster Zitronensaft zum Abschmecken

4–5 EL Naturjoghurt

1 EL frisch gehackte Minze

4 Portionen

Den Backofen auf 220 °C vorheizen. Die Kürbiswürfel mit 3 Esslöffeln Öl, 1 Teelöffel gehacktem Thymian, Chiliflocken und Knoblauch vermengen. Würzen, auf ein Backblech legen, mit Folie abdecken und im Backofen 30 Minuten backen, bis der Kürbis weich ist. Die Folie entfernen und weitere 10 Minuten lang backen. Abkühlen lassen. Anschließend zusammen mit den Kichererbsen im Mixer zu einem groben Püree verarbeiten. Mit Salz, Pfeffer, Kreuzkümmel und Zitronensaft abschmecken und die Petersilie unterrühren. Wenn das Püree sehr trocken ist, Crème fraîche oder etwas Wasser hinzufügen.

In der Zwischenzeit die Pilzhüte mit den Lamellen nach oben auf ein geöltes Backblech setzen. Würzen und mit ein paar Thymianblättchen bestreuen. Mit dem restlichen Öl und reichlich Zitronensaft beträufeln. Im Backofen 15 Minuten lang backen, bis sie gerade gar sind. Herausnehmen und die Temperatur auf 190 °C reduzieren.

Die Füllung gleichmäßig auf die Pilze verteilen. Mit den Kürbiskernen und ein paar Thymianzweigen bestreuen. Ein wenig von der Garflüssigkeit der Pilze darüberträufeln und für 10 Minuten zurück in den Ofen stellen. Für die Soße den Knoblauch mit dem Salz in einer Schüssel zerdrücken, dann nach und nach 3 Esslöffel Tahini und 1 Esslöffel Zitronensaft einarbeiten. Wenn die Soße glatt ist, den Joghurt unterrühren. Die Minze unterrühren und zu den Pilzen servieren.

Pilzsuppe mit Madeira und Haselnüssen

50 g Butter

1 große Zwiebel, gehackt

3 Knoblauchzehen, gepresst

25 g blanchierte Haselnüsse

3 EL frisch gehackte Petersilie

350 g weiße oder braune Champignons, in Scheiben geschnitten

25 g getrocknete Steinpilze

1 l heiße Gemüse- oder Hühnerbrühe

100 ml Madeira

4–6 Portionen

Die Butter in einem großen Topf zerlassen, Zwiebel und Knoblauch hinzufügen und zugedeckt bei milder Hitze in 10 Minuten weich dünsten. Gelegentlich umrühren. In der Zwischenzeit die Haselnüsse in einer Pfanne ohne Fett rösten und grob hacken. Beiseite stellen.

Die Hälfte der Petersilie und alle Pilze in den Topf geben und zugedeckt bei mittlerer Hitze unter gelegentlichem Rühren 15 Minuten lang weich dünsten.

Die getrockneten Steinpilze in einer Schüssel mit 100 ml der heißen Brühe übergießen und 15 Minuten lang quellen lassen.

Den Madeira in den Topf gießen und so lange kochen, bis er verdampft ist. Die restliche Brühe und die Steinpilze mit der Einweichflüssigkeit ebenfalls in den Topf geben und zugedeckt 10 Minuten lang kochen lassen.

Die Hälfte der Suppe mit der Hälfte der Haselnüsse in einem Mixer glatt pürieren, dann wieder in den Topf geben und nochmals erhitzen. Die Suppe auf 4–6 Schalen verteilen, mit der restlichen Petersilie und den gerösteten Haselnüssen bestreuen.

Thymian-Pilz-Ragout mit breiten Nudeln

2 EL natives Olivenöl extra

2 EL Butter

1 Zwiebel, gehackt

2 Knoblauchzehen, gehackt

3 große Wiesenchampignons, Hüte entfernt und in 2 cm große Stücke geschnitten

200 g kleine Champignons

100 g frische Shiitakepilze, geviertelt

3 frische Thymianzweige

250 ml Rotwein

1 Zimtstange

250 ml Gemüse- oder Rinderbrühe

400 g frische Lasagneblätter, in breite Streifen geschnitten oder gerissen

Meersalz und frisch gemahlener schwarzer Pfeffer

Frisch geriebener Parmesan zum Servieren

4 Portionen

Öl und Butter bei mittlerer Hitze in einem schweren Topf heiß werden lassen. Zwiebel und Knoblauch darin 4–5 Minuten lang weich garen. Die Pilze und den Thymian hinzufügen und bei starker Hitze unter häufigem Rühren 8–10 Minuten lang mitbraten, bis die Pilze dunkel und weich sind.

Den Rotwein und die Zimtstange in den Topf geben und 5 Minuten lang kochen lassen. Die Brühe angießen, salzen und pfeffern. Die Hitze reduzieren und das Ganze 35–40 Minuten leise köcheln lassen.

Die Nudeln in einem Topf mit kochendem Wasser 2–3 Minuten lang garen, bis sie an die Oberfläche steigen. Gut abtropfen lassen und auf tiefen Tellern anrichten. Die Soße über die Nudeln geben und zum Servieren mit Parmesan bestreuen.

In diesen Rezepten wird eine Mischung von Pilzen verwendet, was den Gerichten einen runden Geschmack verleiht. Beim Nudelgericht gehen die fleischigen Wiesenchampignons Hand in Hand mit anderen wohltuenden kräftigen Aromen wie frischem Thymian, Rotwein und Zimt. Wenn Sie selbst gerne Pilze sammeln, dann experimentieren Sie ruhig mit Ihrer eigenen Auswahl.

Pilztarte

1 Portion Pizzateig (siehe Seite 56)

15 g getrocknete Steinpilze

1 große rote Zwiebel, gewürfelt

2 EL Olivenöl und etwas zusätzlich zum Beträufeln

2 EL Wasser

1 TL Salz

½ TL zerstoßener schwarzer Pfeffer

1 TL frisch gehackter Thymian und zusätzlich ganze Zweige zum Garnieren

2 Knoblauchzehen, gehackt

150 g Champignons (große Exemplare halbiert)

200 g Wiesenchampignons, in ca. 8 mm dicke Scheiben geschnitten

180 g Sahne

1 großes Ei, verquirlt

1 20 × 30 cm große Tarteform mit gewelltem Rand, gefettet

6 Portionen

Die Steinpilze in einer Schüssel mit warmem Wasser 20 Minuten quellen lassen. Abgießen, klein schneiden und beiseite stellen.

Den Backofen auf 200 °C vorheizen.

Zwiebel, Öl und Wasser in einer Pfanne bei milder Hitze ca. 10 Minuten lang sautieren, bis die Zwiebel weich und das Wasser verdampft ist. Vom Herd nehmen, Salz, Pfeffer, Thymian, Knoblauch und die Steinpilze hinzufügen. Gründlich vermischen und beiseite stellen.

Die Champignons in einem Bräter mit Öl beträufeln und mit Alufolie abdecken. Im Backofen 10 Minuten lang rösten. Herausnehmen und 10 Minuten lang abkühlen lassen. Ausgetretenen Saft abgießen, die Pilze mit der Zwiebelmischung verrühren.

Die Backofentemperatur auf 170 °C reduzieren.

Den Pizzateig in die Tarteform legen, die Ränder noch nicht abschneiden.

Sahne und Ei vermischen, die Hälfte davon in die Tarteform gießen. Die Pilzmischung auf dem Tarteboden verteilen, die restliche Sahne darübergießen. Jetzt überstehenden Pizzateig an den Rändern sauber abschneiden.

Im Backofen 25–30 Minuten lang backen. Herausnehmen und abkühlen lassen. Mit ein paar Thymianzweigen dekorieren. Warm oder kalt servieren.

Tapas sind kleine Köstlichkeiten, die man zwanglos miteinander teilt, und Pilze eignen sich sehr gut für diese Art von Gerichten. Verwenden Sie Pilze, die im gegarten Zustand zwei oder drei kleine Bissen ergeben. Wiesenchampignons oder die großen Zuchtchampignons sind ideal. Da dieses Gericht sehr gehaltvoll ist, passt am besten ein knackiger Fenchelsalat als Beilage.

Überbackene Pilze
mit Manchego-Béchamelsoße

2 TL Butter

2 TL Mehl

125 ml Vollmilch

50 g Manchego-Käse, fein gerieben

12 breite, flache Wiesenchampignons

¼ TL geräuchertes Paprikapulver (Pimentón)

Fenchelsalat

1 kleine Fenchelknolle

1 Handvoll frische glatte Petersilie

2 TL Olivenöl

2 TL frisch gepresster Zitronensaft

Meersalz und frisch gemahlener schwarzer Pfeffer

4–6 Portionen

 **Tipp**

In den Rezepten sind zwar bestimmte Pilzarten benannt, viele Arten sind aber gegeneinander austauschbar. Sie können also das verarbeiten, was Sie gerade zur Hand haben. Wenn Sie viele Pilze in Scheiben schneiden müssen, dann probieren Sie es doch einmal mit einem Eierschneider – damit geht es ganz schnell.

Die Butter in einem kleinen Topf auf hoher Stufe schmelzen und bräunen lassen. Mehl hinzufügen und beides schnell zu einer dicken Paste verrühren. Vom Herd nehmen und unter ständigem Rühren ein wenig Milch hinzufügen, bis eine dicke glatte Masse entsteht. Den Topf wieder aufsetzen und bei mittlerer Hitze unter ständigem Rühren die restliche Milch eingießen, bis eine gebundene, glatte und dickflüssige Soße entstanden ist. Den Käse hinzufügen und unter Rühren in der Soße schmelzen lassen. Vom Herd nehmen und abkühlen lassen.

Den Backofen auf 220 °C vorheizen. Die Stiele von den Pilzen entfernen und die Pilze mit den Lamellen nach oben in eine kleine Auflaufform setzen. Die Käsesoße in die Hüte füllen und mit Paprikapulver bestreuen. Im Backofen 20 Minuten lang backen, bis die Pilze weich sind und die Soße goldgelb ist und Blasen wirft.

Während die Pilze backen, die Fenchelknolle in möglichst feine Scheiben schneiden, das Grün hacken und mit Petersilie, Öl und Zitronensaft in einer Schüssel miteinander vermengen, nach Belieben würzen und mit den warmen Pilzen servieren.

Durch ihren intensiven, erdigen Geschmack sind Pilze für diese beiden rustikalen Gerichte perfekt geeignet. Pilze und Linsen passen fabelhaft zum Schweinefleisch in diesem herzhaften Eintopf. Kleine braune Linsen bleiben während des Garens fest, aber die großen grünen, Castellanas genannt, besitzen auch einen guten Geschmack. Für einen schnellen Brunch passen die Knoblauchpilze großartig zu weichem, sahnigem Ziegenfrischkäse oder Ricotta. Wählen Sie für das Röstbrot ein gutes, kräftiges Landbrot mit Sauerteig aus, damit es nicht durchweicht.

Sautierte Pilze und Linsen mit Speck

250 g kleine Linsen, abgespült

3 EL natives Olivenöl extra

1 Zwiebel, fein gehackt

1 Knoblauchzehe, gepresst

25 g Butter

100 g kleine Champignons

100 g Austernpilze, große Exemplare halbiert

3 EL frisch gehackte glatte Petersilie

1 TL frisch gepresster Zitronensaft

Feines Meersalz und frisch gemahlener schwarzer Pfeffer

6–12 Scheiben durchwachsener Speck

Blätter von 1 kleinen Bund glatter Petersilie, die Hälfte gehackt, die andere Hälfte ganz zum Servieren

6 Portionen

Die Linsen mit 1 l kaltem Wasser in einem Topf zum Kochen bringen. Die Hitze reduzieren und ca. 35 Minuten lang leise köcheln lassen, bis die Linsen weich sind. Abgießen.

2 Esslöffel Öl in einer Pfanne erhitzen, Zwiebeln und Knoblauch darin ca. 10 Minuten lang weich und goldgelb braten. Butter, restliches Öl und Pilze hinzufügen. Unter ständigem Rühren braten, bis die Pilze gerade gar sind. Linsen, gehackte Petersilie, Zitronensaft, Salz und Pfeffer hinzufügen und unter Rühren alle Zutaten erhitzen.

In der Zwischenzeit den Speck knusprig grillen. Die Linsen mit Petersilie bestreut servieren und auf jede Portion 1–2 Speckstreifen legen.

Knoblauchpilze und Ziegenkäse auf Röstbrot

8 Wiesenchampignons

3 Knoblauchzehen, gepresst

3 EL Olivenöl

25 g Pinienkerne

2 EL Balsamico-Essig

4 Scheiben Sauerteigbrot

150 g Ziegenfrischkäse

Frischer Estragon zum Servieren

Meersalz und frisch gemahlener schwarzer Pfeffer

4 Portionen

Den Backofen auf 200 °C vorheizen.

Pilze, Knoblauch und Öl in einem Bräter gründlich vermengen und würzen. Im vorgeheizten Backofen 15 Minuten lang rösten, bis die Pilze weich sind. Nach der Hälfte der Zeit die Pinienkerne und den Balsamico-Essig unterrühren.

Kurz bevor die Pilze fertig sind, die Brotscheiben toasten und mit dem Ziegenkäse bestreichen. Die Pilze mit dem Stiel nach oben auf die Brote setzen, mit Estragonblättchen bestreuen und sofort servieren. Eventuell nachwürzen.

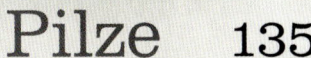

Baumobst

Apfelstrudel mit Krokant 🍃 Apfel-Heidelbeer-Törtchen
Apfel-Karotten-Brot mit Walnüssen 🍃 Apfel-Birnen-
Chutney mit Ingwer 🍃 **Apfelchutney mit roten Zwiebeln
und getrockneten Kirschen** 🍃 Apfelmus
Apfellimonade 🍃 Karamelläpfel 🍃 **Gebackene Äpfel und
Pastinaken** 🍃 Birnen-Tiramisu 🍃 **Kleine Birnenaufläufe
mit Ahornsirup und Pekannüssen** 🍃 Birnen-Zucchini-
Karotten-Torte mit Mohnguss 🍃 **Eingelegte Birnen mit
Tamarinde und Ingwer** 🍃 Birnenrelish 🍃 **Warme
Birnentörtchen mit Gorgonzola und Pekannüssen**
Pflaumen-Crumble 🍃 **Pflaumen-Karamell-Aufläufe**
Reneklodenkonfitüre 🍃 **Apfel-Pflaumen-Tarte**
Karamellisierte Pfirsichtarte 🍃 **Gebackene Mascarpone-
Pfirsiche** 🍃 Pfirsichhälften in Weinbrand mit Sternanis
Verkehrter Pfirsichkuchen 🍃 Nektarinen-Heidelbeer-
Kuchen mit Lavendel 🍃 **Sommerlicher Nektarinen-
Pistazien-Crumble** 🍃 Gebutterter Aprikosen-Betty
Aprikosen-Mandel-Auflauf 🍃 Aprikosenrolle mit weißer
Schokolade 🍃 **Pfirsich-Kirsch-Törtchen mit Vanillesahne**
Kirsch-Ricotta-Strudel 🍃 **Mandel-Kirsch-Clafoutis**
Italienische Feigenkonfitüre 🍃 **Würzige Muskateller-Feigen**

Das Ende des Sommers muss nicht unbedingt auch das Ende herrlich frischer Süßspeisen bedeuten. Da die Wahrscheinlichkeit groß ist, dass Ihre Apfelbäume voller Früchte hängen, erhalten Sie hier zwei Rezepte mit Äpfeln: Zum einen kleine Törtchen aus süßen Tafeläpfeln und saftigen Heidelbeeren kombiniert mit Vanille und zum anderen ein rustikaler Strudel, der durch die Zugabe von Krokant etwas geradezu Göttliches erhält.

Apfelstrudel mit Krokant

450 g säuerliche Tafeläpfel, z.B. Cox Orange oder Braeburn, geschält, entkernt und klein geschnitten

75 g Trockenfrüchte, z.B. Sultaninen, Cranberrys oder Sauerkirschen

100 g hellbrauner Zucker

1 TL gemahlener Zimt

1 EL Butter

6 Platten Filoteig (Tiefkühlware aufgetaut)

50 g zerlassene Butter

Puderzucker zum Bestäuben

Schlagsahne oder Crème fraîche zum Servieren

Für den Krokant

75 g geschälte Pekannüsse

40 g extrafeiner Streuzucker

1 Backblech, mit Backpapier ausgelegt

6–8 Portionen

Für den Krokant Pekannüsse und Zucker in einer antihaftbeschichteten Pfanne bei mittlerer bis starker Hitze unter ständigem Rühren erhitzen, bis der Zucker fest wird und die Nüsse umhüllt. Auf einem Teller abkühlen lassen und anschließend in einer Kaffeemühle oder einer Küchenmaschine zu grobem Pulver vermahlen. Beiseite stellen.

Apfelstücke, Trockenfrüchte, braunen Zucker, Zimt und 1 Esslöffel Butter in einem großen Topf vermischen. Bei mittlerer Hitze ca. 15 Minuten lang dünsten, bis die Äpfel weich sind und die Flüssigkeit verdampft ist. Vom Herd nehmen und abkühlen lassen.

Den Backofen auf 190 °C vorheizen.

2 Platten Filoteig auf das vorbereitete Backblech legen und mit etwas zerlassener Butter bestreichen. Mit ein wenig Krokant bestreuen. 2 weitere Platten Filoteig darüberlegen und den Vorgang wiederholen. Die letzten beiden Teigplatten darüberlegen und gleichmäßig mit der Apfelmasse bestreichen. Mit Krokant bestreuen und das Ganze vorsichtig wie eine Biskuitrolle von einer Längsseite her aufrollen. Der Strudel sollte auf der Naht liegen. Mit zerlassener Butter bestreichen, mit eventuell übrig gebliebenem Krokant bestreuen und im Backofen in ca. 25–35 Minuten knusprig und goldgelb backen.

Aus dem Backofen nehmen und kurz abkühlen lassen. Mit Puderzucker bestäuben, in Scheiben schneiden und noch warm mit Schlagsahne oder Crème fraîche servieren.

Apfel-Heidelbeer-Törtchen

375 g gebrauchsfertiger Blätterteig (Tiefkühlware aufgetaut), in 4 Quadrate mit ca. 12 cm Seitenlänge geschnitten

2 EL Zucker

1 Vanilleschote, längs halbiert

3 süße Tafeläpfel, entkernt und in 10–12 dünne Spalten geschnitten

1 Schälchen Heidelbeeren (ca. 150 g)

Schlagsahne zum Servieren

1 Backblech, mit Backpapier ausgelegt

4 Portionen

Den Backofen auf 220 °C vorheizen.

Die Blätterteigquadrate auf das vorbereitete Backblech legen.

Zucker und 2 Esslöffel Wasser in einem Topf aufkochen. Rühren, bis sich der Zucker aufgelöst hat. Das Vanillemark aus der Schote in den Zuckersirup kratzen und unterrühren.

Die Apfelspalten in den Topf geben und bei mittlerer Hitze 4–5 Minuten lang dünsten. Dabei wenden, damit sie gleichmäßig garen. Die Heidelbeeren hinzufügen und vorsichtig unterrühren. Die Äpfel und Heidelbeeren auf den Teigquadraten verteilen. Im vorgeheizten Backofen 18–20 Minuten lang backen, bis der Teig aufgegangen und goldgelb ist.

Auf jedes Törtchen einen Löffel Sahne setzen und noch warm servieren.

Dieses köstliche, rustikal-herbstliche Brot ist ganz einfach zu backen. Da ein großer Laib lange reicht und sich auch gut hält, ist das Brot ideal, wenn Sie einfach mal etwas frisch Gebackenes im Haus haben wollen. Pur schmeckt es sehr gut, aber auch mit Butter oder Frischkäse bestrichen.

Apfel-Karotten-Brot
mit Walnüssen

Den Backofen auf 180 °C vorheizen.

In einer Rührschüssel Mehl mit Zucker, Backpulver, Salz, Zimt, Muskatnuss, Ingwer und Piment vermischen. Beiseite stellen.

In einer zweiten Schüssel Apfelsaft, zerlassene Butter und Eier vermischen. Diese Mischung vorsichtig unter die Mehlmischung heben. Die geriebenen Äpfeln und Karotten gut ausdrücken und diese zusammen mit den Walnüssen unter den Teig rühren.

Den Teig in die vorbereitete Backform füllen und glatt streichen. Im Backofen ca. 60–75 Minuten lang backen. Garprobe machen.

Das Brot ein paar Minuten lang in der Form abkühlen lassen, anschließend auf ein Kuchengitter stürzen. Zum Servieren in Scheiben schneiden. In einem luftdicht verschlossenen Behälter hält sich das Brot 4–5 Tage lang.

250 g Mehl

150 g heller Roh-Rohrzucker

1 EL Backpulver

1 Pr feines Meersalz

1 TL gemahlener Zimt

½ TL gemahlene Muskatnuss

je ¼ TL gemahlener Ingwer und Piment

100 ml Apfelsaft

75 g zerlassene Butter

2 große Eier, verquirlt

1 großer säuerlicher Kochapfel, z. B. Boskoop, geschält, entkernt und gerieben

100 g geriebene Karotte

65 g Walnüsse, grob gehackt

1 23 × 13 × 8 cm große Brot-backform (900 ml Volumen), gebuttert

6–8 Portionen

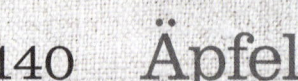

Selbstgemachte Chutneys sind eine tolle Möglichkeit, frisches Obst und Gemüse zu verarbeiten und eignen sich ideal als Beilage zu Käse oder als Teil einer Brotzeit. Sie passen perfekt zu gebratenem Fleisch – sowohl zu kaltem als auch zu warmem – und machen sich auch gut in Sandwiches. Das Apfel-Birnen-Chutney mit Ingwer schmeckt besonders gut zu Schweinefleisch, während das Apfelchutney mit roten Zwiebeln und getrockneten Kirschen gut zu Hühnchen, Pute oder sogar Ente passt.

Apfel-Birnen-Chutney mit Ingwer

3 Tafeläpfel, z.B. Golden Delicious, geschält, entkernt und gewürfelt

2 große reife Birnen, geschält, entkernt und gewürfelt

1 große weiße Zwiebel, fein gehackt

375 ml Apfelessig

350 g hellbrauner Zucker

100 g Sultaninen oder Rosinen

140 g frischer Ingwer, geschält und fein gehackt

½ TL Meersalz

½ TL getrocknete rote Chiliflocken

Ergibt 1–1,5 l

Alle Zutaten in einem großen, säurebeständigen Topf miteinander vermischen. Bei mittlerer Hitze unter gelegentlichem Rühren 30–40 Minuten lang kochen, bis eine dicke Masse entstanden ist.

Das Chutney in ein sterilisiertes und trockenes, luftdicht verschließbares Gefäß füllen. Im Kühlschrank hält es sich bis zu 2 Wochen.

Apfelchutney mit roten Zwiebeln und getrockneten Kirschen

3 Tafeläpfel, z.B. Golden Delicious, geschält, entkernt und gewürfelt

1 große oder 2 mittelgroße rote Zwiebeln, halbiert und in Scheiben geschnitten

175 g getrocknete Sauerkirschen

500 ml Apfelessig

3 EL hellbrauner Zucker

¼ TL Nelkenpulver

¼ TL Meersalz

Frisch gemahlener schwarzer Pfeffer

Ergibt 500–750 ml

Alle Zutaten in einem großen, säurebeständigen Topf miteinander vermischen. Bei mittlerer Hitze unter gelegentlichem Rühren 30–40 Minuten lang kochen, bis eine dicke Masse entstanden ist.

Das Chutney in ein sterilisiertes und trockenes, luftdicht verschließbares Gefäß füllen. Im Kühlschrank hält es sich bis zu 2 Wochen.

Apfelmus

1,5 kg gemischte Äpfel, z.B. Braeburn, Cox Orange oder Boskoop, geschält, entkernt und klein geschnitten

350 g flüssiger Honig

200 g Zucker

2 EL frisch gepresster Zitronensaft

1 TL gemahlener Zimt

½ TL gemahlene Nelken

250 ml Apfelsaft

Ergibt ca. 2 kg

Alle Zutaten in einem großen säurebeständigen Topf miteinander vermischen. Unter gelegentlichem Rühren aufkochen. Die Temperatur reduzieren und unter gelegentlichem Rühren 20–25 Minuten lang leise köcheln lassen, bis eine dickflüssige Masse entstanden ist. Die Äpfel mit einem Holzlöffel zerdrücken. Von der Kochstelle nehmen.

Das Mus in saubere und trockene, luftdicht verschließbare Gefäße füllen. Im Kühlschrank hält es sich 7–10 Tage. Alternativ noch heiß in heiße und trockene sterilisierte Gläser füllen (siehe Anmerkung auf Seite 4). Abkühlen lassen, dann verschließen. Korrekt verschlossen hält sich das Mus 3–4 Wochen. Wie jede andere Obstkonserve verwenden.

Apfellimonade

2–3 Kochäpfel, ungeschält in kleine Stücke geschnitten

Zucker zum Abschmecken

Saft von 1 Zitrone

Eis zum Servieren

Mineralwasser zum Servieren

4 Portionen

Die Äpfel in einem Topf mit kaltem Wasser bedecken, aufkochen und so lange köcheln lassen, bis sie weich sind. Passieren und dabei das Fruchtfleisch mit einem Löffel durch das Sieb drücken. Nach Belieben Zucker hinzufügen und so lange rühren, bis er sich aufgelöst hat. Abkühlen lassen.

Zum Servieren einen Krug mit Eis füllen, das Glas zur Hälfte mit Apfelsaft füllen, den Zitronensaft hinzufügen und mit dem Sprudel auffüllen.

Karamelläpfel

8 kleine Äpfel, z.B. Cox Orange

300 g extrafeiner Streuzucker

2 EL heller Zuckerrübensirup

Frisch gepresster Saft von ½ Zitrone

Fein gehackte gemischte Nüsse und Zuckerstreusel zum Eintauchen (nach Belieben)

8 Holzspieße oder Lutscherstiele

1 großer Bogen Backpapier

8 Stück

Die Äpfel gründlich waschen und abtrocknen. In jeden Apfel vorsichtig von oben einen Holzspieß oder Lutscherstiel stecken.

Zucker, Sirup und 150 ml Wasser in einen schweren Topf füllen und bei milder Hitze so lange erwärmen, bis sich der Zucker vollständig aufgelöst hat. Dann die Temperatur erhöhen und das Karamell so lange köcheln lassen, bis es bernsteinfarben wird.

Den Topf von der Kochstelle nehmen. Vorsichtig den Zitronensaft hinzufügen – das heiße Karamell kann spritzen! Zügig jeden Apfel ins Karamell tauchen und so lange darin wenden, bis er von allen Seiten gleichmäßig umhüllt ist.

30 Sekunden lang abkühlen lassen, dann die Unterseite der Äpfel in gehackte Nüsse oder Streusel tauchen (wer mag). Die Äpfel auf dem Backpapier fest werden lassen. Noch am selben Tag servieren.

Gebackene Äpfel und Pastinaken

2 EL Olivenöl

½ TL getrockneter Salbei

½ TL Salz

1 Tafelapfel, in Spalten geschnitten

2 Pastinaken (ca. 350 g), geschält und in Spalten geschnitten

1 EL frisch gehackte glatte Petersilie

4 Portionen

Den Backofen auf 220 °C vorheizen.

Öl, Salbei und Salz in einen Plastikbeutel geben, dann Äpfel und Pastinaken hinzufügen. Darin herumwälzen, bis sie rundherum mit Öl bedeckt sind. Den Beutel auf ein Backblech entleeren und die Äpfel und Pastinaken im Backofen 30 Minuten lang backen. Alle 10 Minuten wenden. Mit der Petersilie bestreuen, gründlich vermischen und servieren.

Tiramisu ist wohl eines der beliebtesten Desserts der Welt. Birnen passen besonders gut zu allem, was süß, sahnig und aus Käse ist. Deshalb ist Mascarpone hier der perfekte Partner. Wählen Sie Ihre Birnen sorgsam aus. Weiche und süße Sorten lassen sich nicht gut pochieren, sondern verkochen zu einem viel zu süßen Brei. Mit festen Sorten funktioniert es jedoch gut.

Birnen-Tiramisu

6–8 Löffelbiskuits	2 Eiweiß
250 ml Marsala oder Weinbrand	4 Eigelb
115 g extrafeiner Streuzucker	250 g Mascarpone
2 feste braune Birnen (z. B. Kaiser Alexander), geschält, entkernt und in Achtel geschnitten	Kakaopulver zum Bestäuben
	4 Dessertschälchen
	4 Portionen

Den Boden der Dessertschälchen mit Löffelbiskuits auslegen. Diese dabei zerbrechen, damit sie hineinpassen.

Den Marsala bzw. Weinbrand mit der Hälfte des Zuckers und 125 ml Wasser in einer antihaftbeschichteten Pfanne aufkochen und bei starker Hitze unter Rühren so lange kochen, bis sich der Zucker aufgelöst hat. Die Birnen in die Pfanne legen und unter häufigem Wenden 20 Minuten lang leise köcheln lassen, bis sie weich und glänzend sind und die Flüssigkeit auf die Hälfte eingekocht ist.

Die Birnenstücke auf die Löffelbiskuits legen und mit der Pochierflüssigkeit übergießen. Die Eiweiße mit dem elektrischen Handrührgerät steif schlagen. Die Eigelbe mit dem restlichen Zucker 4–5 Minuten lang schlagen, bis die Masse hellgelb ist und sich ihr Volumen verdoppelt hat. Anschließend den Mascarpone unterschlagen.

Mit einem großen Löffel den Eischnee unter die Mascarponemischung ziehen und die Creme über die Birnen geben. Jedes Schälchen mit Frischhaltefolie bedecken und bis zum Servieren in den Kühlschrank stellen.

Jede Portion unmittelbar vor dem Servieren mit ein wenig Kakaopulver bestäuben.

Kleine Birnenaufläufe
mit Ahornsirup und Pekannüssen

4 kleine reife Birnen

Fein geriebene Schale und
frisch gepresster Saft von
½ Zitrone

4 EL Ahornsirup

Für den Belag

50 g kalte Butter

225 g Mehl

2 TL Backpulver

1 Pr Salz

3 EL Ahornsirup

200 ml Milch

50 g grob gehackte Pekannüsse

*4 feuerfeste Auflaufförmchen
oder Ähnliches*

*1 Plätzchenausstecher mit
gewelltem Rand von 4–5 cm
Durchmesser*

4 Portionen

Diese frechen kleinen Desserts werden ein Lächeln auf die Gesichter Ihrer Gäste zaubern. Verwenden Sie hohe Auflaufförmchen, um den beeindruckenden Sterneneffekt zu erhalten. Sie sehen spektakulär aus und schmecken genauso gut, wie sie aussehen.

Den Backofen auf 220 °C vorheizen.

Die Birnen schälen, entkernen und längs in dicke Scheiben schneiden (oder vierteln, wenn sie klein und dünn sind). Mit Zitronenschale, Zitronensaft und Ahornsirup in einem Topf 10 Minuten lang sanft köcheln lassen, bis die Birnen fast weich sind. Beiseite stellen.

Für den Belag Butter, Mehl, Backpulver und Salz mit den Fingern zu feinen Krümeln verarbeiten. Den Ahornsirup mit der Milch verrühren und 150 ml davon zu den Krümeln gießen. Mit einem stumpfen Messer zu einem relativ weichen, klebrigen Teig vermischen. Den Teig auf eine bemehlte Arbeitsfläche geben und ca. 2 cm dick ausrollen. Kreise ausstechen.

Die Birnenscheiben sternförmig so in den Auflaufförmchen anordnen, dass sich die dickeren Enden in den Förmchen befinden, die dünneren nach oben und aus den Förmchen heraus zeigen. Die beim Kochen entstandene Flüssigkeit gleichmäßig über den Birnen verteilen. Einen Teigkreis in die Mitte der Birnen legen. Den Teig mit der übrigen Milch bestreichen und mit den gehackten Nüssen bestreuen. Die Förmchen auf ein Backblech setzen und im Backofen 10–15 Minuten lang backen, bis der Teig aufgegangen und goldbraun ist und die Birnen an den Spitzen gerade braun werden. Heiß mit Crème double oder griechischem Joghurt servieren.

Birnen-Zucchini-Karotten-Torte mit Mohnguss

200 g Weizenmehl

100 g Dinkelmehl

1 leicht gehäufter TL Backpulver

1 TL Natron

1 EL gemahlener Zimt

2 Pr gemahlene Nelken

4 große Eier

275 g heller Roh-Rohrzucker oder feiner hellbrauner Zucker

250 ml Kokos- oder Rapsöl

2 mittelgroße ungeschälte Birnen, entkernt und klein geschnitten

150 g ungeschälte Karotten, gerieben

100 g ungeschälte Zucchini, gerieben

100 g Sultaninen

150 g Walnuss- oder Pekannuss-stücke

Mohnguss

75 g sehr weiche Butter

200 g kalter Frischkäse

100 g kalter griechischer Joghurt

175 g Puderzucker, gesiebt

1 EL Mohn

2 runde Backformen mit 20 cm Durchmesser, 4 cm tief, leicht gebuttert, der Boden mit Backpapier ausgelegt

12 Portionen

Mit diesem Rezept werden Ihre Erzeugnisse aus dem eigenen Garten wahrhaft gefeiert. Birnen, Zucchini und Karotten machen den Teig wunderbar saftig. Wenn das Kokosöl zu hart ist, stellen Sie das Glas für 10 Minuten in eine Schüssel mit heißem Wasser. Wenn Sie diese Torte gänzlich ohne Milchprodukte zubereiten wollen, dann ersetzen Sie Butter, Frischkäse und Joghurt im Guss durch 200 g Soja-Frischkäse, gesüßt mit 2 Esslöffeln Puderzucker. Diese Torte lässt sich gut ein paar Tage lang aufheben, in einem luftdicht verschlossenen Behälter im Kühlschrank sogar noch länger. Zimmerwarm servieren.

Den Backofen auf 180 °C vorheizen.

Mehl, Backpulver und Natron in eine Schüssel sieben. Zimt, Nelken, Eier und Öl hinzufügen und alles mit dem elektrischen Handrührgerät miteinander vermischen.

In einer zweiten Schüssel Birnen, Karotten, Zucchini, Sultaninen und Nüsse vermischen. Mit einem großen Löffel unter den Teig heben. Alles gründlich miteinander vermischen.

Den Teig auf die vorbereiteten Backformen verteilen und glatt streichen. Im Backofen ca. 40–45 Minuten lang backen, bis die Tortenböden aufgegangen, goldbraun und in der Mitte fest sind. In den Backformen abkühlen lassen.

Für den Mohnguss Butter und Frischkäse mit dem elektrischen Handrührgerät verrühren, Joghurt und Puderzucker unterschlagen. Die Mohnsamen unterrühren und den Guss bis zur Verwendung kalt stellen.

Die abgekühlten Tortenböden aus den Formen stürzen und das Backpapier abziehen. Einen Boden mit der Unterseite nach oben auf eine Tortenplatte legen. Mit der Hälfte des Gusses bestreichen. Den zweiten Tortenboden mit der Oberseite nach oben darauflegen und mit dem restlichen Guss bestreichen.

Nicht nur Äpfel passen gut zu Schweinefleisch. Wenn Sie viele Birnen haben, dann probieren Sie doch einmal dieses Relish aus und servieren Sie es zu einem Braten (oder zu Geflügel). Wenn noch Früchte übrig sind, konservieren Sie diese für die Wintermonate. Für eingelegtes Obst wie diese köstlichen Birnen mit Tamarinde und Ingwer können Sie alle möglichen Essigsorten verwenden: Rot- und Weißweinessig, Apfel- und Birnenessig oder Reisessig. Hier wird dunkler Malzessig verwendet, weil ein paar Birnensorten durchs Konservieren braun werden. Wenn Sie dunklen Essig verwenden, dann fällt das gar nicht auf. Die in diesem Rezept verwendete Würzmischung stammt ursprünglich aus dem nahen Osten, aber probieren Sie ruhig auch andere Kräuter und Gewürze wie Chili, Dill, Piment oder Korianderkörner aus. Wenn Sie keine Tamarindenpaste bekommen können, lassen Sie diese einfach weg.

Eingelegte Birnen mit Tamarinde und Ingwer

500 ml Malzessig (siehe oben)

35 g frischer Ingwer, geschält und fein gerieben

3 Knoblauchzehen, gepresst

3 gehäufte TL Tamarindenpaste

1½ TL Kreuzkümmelsamen

1 Pr Salz

200 g Demerara-Zucker

1 kg feste Birnen, Pfirsiche, Feigen oder Quitten*

3 sterilisierte Einmachgläser mit Deckel à 500 ml oder ein großes Glas mit 1,5 l Fassungsvermögen (siehe Anmerkung auf Seite 4)

Ergibt 1,5 l

Alle Zutaten außer dem Obst in einen Topf geben und langsam zum Sieden bringen. Bei milder Hitze köcheln lassen, bis sich der Zucker aufgelöst hat. Anschließend 5 Minuten lang kochen lassen.

In der Zwischenzeit die Birnen schälen, halbieren und in die vorgewärmten Gläser füllen. Bis zum Rand mit der Essigmischung füllen. Falls die Flüssigkeit nicht ausreicht, um die Früchte zu bedecken, können Sie zusätzlichen Essig aufkochen und für je 100 ml Essig 40 g Zucker hinzufügen. Die Gläser damit auffüllen und verschließen.

Die Birnen vor dem Verzehr mindestens 3 Monate ruhen lassen. Servieren Sie diese mit Käse als Abschluss eines Menüs oder als Teil einer Vorspeise mit Gepökeltem, zu kaltem gekochten Fleisch, zu heißem Schinken, heißen Wildgerichten oder kalten Wildpasteten.

*Anmerkung Pfirsiche und Feigen müssen vor dem Einlegen nicht geschält werden, Birnen und Quitten allerdings schon.

Birnenrelish

4 reife Birnen, geschält, halbiert und entkernt

2 EL frisch gepresster Zitronensaft

1 EL hellbrauner Zucker

50 g weißer Kristallzucker

¾ TL gemahlener Zimt

¼ TL gemahlene Nelken

65 ml reiner Ahornsirup

1 kleine rote Zwiebel, in 1 cm dicke Scheiben geschnitten

1 EL geschälter und geriebener frischer Ingwer

5 EL Rosinen

125 ml Apfelessig

1 TL getrocknete rote Chiliflocken (nach Belieben)

Pflanzenöl zum Einpinseln

4–6 Portionen

Den Backofen auf 180 °C vorheizen.

Ein Backblech mit Pflanzenöl einpinseln. In einer Schüssel Birnen, Zitronensaft, beide Zuckerarten, Zimt und Nelken gründlich miteinander vermischen. Die Birnen mit der Schnittfläche nach unten auf das Blech legen und mit etwas Öl einpinseln. Im Backofen in ca. 45 Minuten karamellisieren lassen. Wenn die Birnen ausreichend abgekühlt sind, in kleine Würfel schneiden.

In der Zwischenzeit die restlichen Zutaten in einem säurebeständigen Topf aufkochen. Die Temperatur reduzieren und ohne Deckel 5 Minuten köcheln lassen. Von der Kochstelle nehmen und abkühlen lassen. Die gewürfelten Birnen zur Zwiebelmischung geben und gut vermengen. Vor dem Servieren mindestens 1 Tag lang im Kühlschrank ruhen lassen. Das Relish in einen sauberen, luftdicht verschließbaren Behälter umfüllen. Im Kühlschrank hält es sich bis zu 10 Tage lang.

Warme Birnentörtchen
mit Gorgonzola und Pekannüssen

375 g gebrauchsfertiger Blätterteig

1 Ei, verquirlt

200 g Gorgonzola

4 EL Crème double

Cayennepfeffer

75 g geschälte Pekannüsse
oder Walnüsse

2–3 reife Birnen

6 TL Ahornsirup

6 Portionen

Den Backofen auf 220 °C vorheizen.

Den Blätterteig aus dem Kühlschrank nehmen und 10–15 Minuten
lang aufwärmen lassen.

Den Teig auseinanderrollen und in 6 gleich große Stücke schneiden. Mit einem scharfen Messer auf jedem Stück einen ca. 1,5 cm
breiten Rand markieren. Diesen mit ein wenig verquirltem Ei
bestreichen. Nicht über die Rille streichen, sonst geht der Teig
an den Rändern nicht auf.

Den Gorgonzola in einer Schüssel mit einer Gabel grob zerkleinern
und mit der Crème double verrühren. Etwas pfeffern und auf die
Teigquadrate streichen, dabei die Ränder frei lassen. Die Pekannüsse grob in Stücke brechen und auf die Törtchen verteilen. Die
Birnen schälen, entkernen und vierteln. Die Viertel in je drei Spalten
schneiden und leicht überlappend auf den Käse und die Nüsse
legen. Jedes Törtchen mit 1 Teelöffel Ahornsirup beträufeln und im
Backofen 15–20 Minuten lang backen, bis der Teig gut gebräunt
und aufgegangen ist. Vor dem Servieren 5 Minuten lang abkühlen
lassen.

Birnen und Blauschimmelkäse sind eine klassische
Kombination – und besonders köstlich mit Walnüssen.
Diese appetitlich-goldgelben Törtchen sind Käsegang
und Dessert in einem – ein fantastisches Finale für
jede Dinnerparty!

Hier sind die Rezepte für süße, klebrige Pflaumen-Karamell-Aufläufe und einen wärmenden Crumble, der unter dem Grill gegart wird. Pflaumen-Crumble ist natürlich ein Klassiker, aber Sie können alle Früchte verwenden, die Sie zur Verfügung haben. Bedenken Sie dabei, dass weiche Sommerbeeren nur kurz in der Pfande gewendet werden sollten, während Äpfel und Birnen länger brauchen.

Pflaumen-Crumble

185 ml frisch gepresster Orangensaft

2 EL extrafeiner Streuzucker

6 reife Pflaumen, halbiert und entsteint

100 g Mehl

1 TL Backpulver

60 g feiner brauner Zucker

60 g Haferflocken

50 g kalte Butter in Stückchen

Vanilleeis zum Servieren

4–6 Portionen

Orangensaft und Streuzucker in einer kleinen Pfanne bei starker Hitze aufkochen. Dann die Temperatur reduzieren, die Pflaumen mit der Schnittfläche nach unten in die Pfanne legen und bei mittlerer Hitze 5 Minuten lang köcheln lassen. Die Pflaumen umdrehen und weitere 5 Minuten lang köcheln lassen. Sie sollten weich sein, aber noch ihre Form behalten, die Flüssigkeit sollte fast verdampft sein. Die Pfanne vom Herd nehmen und beiseite stellen.

Den Grill auf mittlerer Stufe vorheizen.

Mehl, Backpulver, braunen Zucker und Haferflocken in einer Schüssel vermischen. Die Butter hinzufügen und alles mit den Fingern zu Krümeln verarbeiten.

Die Streusel gleichmäßig über die Pflaumen streuen und die Pfanne für 2–3 Minuten unter den heißen Grill schieben, bis der Crumble goldgelb ist. Noch warm mit einer Kugel Vanilleeis servieren.

Pflaumen-Karamell-Aufläufe

50 g Butter

50 g Honig

2 EL Crème double

2 EL feiner brauner Zucker

1 TL Lebkuchengewürz

75 g frische weiße Semmel-brösel

2 reife Pflaumen, halbiert, entsteint und in dünne Scheiben geschnitten

Crème fraîche zum Servieren

4 Auflaufförmchen à 150 ml

4 Portionen

Den Backofen auf 200 °C vorheizen.

Butter, Honig und Crème double in einem Topf erhitzen, bis alles geschmolzen ist. Zucker, Gewürz und Semmelbrösel in einer Schüssel gründlich vermischen.

Die Hälfte der Butter-Honig-Mischung auf die Förmchen verteilen, mit einer Schicht Pflaumenscheiben und der Hälfte der Semmel-brösel belegen. Die restlichen Pflaumen und Semmelbrösel in die Förmchen schichten und mit der restlichen Soße übergießen.

Die Förmchen auf ein Backblech setzen und im Backofen 20 Minuten lang backen. Aus dem Ofen nehmen und 5 Minuten lang abkühlen lassen. Anschließend die Aufläufe vorsichtig aus den Förmchen lösen und mit 1 Löffel Crème fraîche servieren.

Reneklodenkonfitüre ist ein Klassiker der englischen Landhausküche. Pflaumen und Anis sind eine wunderbare Kombination, sei es für Konfitüren, Chutneys, Getränke, Schmorgerichte, Kuchen, Aufläufe oder Fruchtjoghurts. Sie können auch Zimt und Nelken verwenden. Mit Renekloden wird die Konfitüre dunkel goldgelb, aber Sie können auch andere Pflaumensorten zur Herstellung von Konfitüren verwenden, deren Farbe von gelb zu rosa oder violett variiert. Wenn Sie eine süße Pflaumensorte anbauen, dann können Sie aus den Früchten diese unwiderstehliche Pflaumentarte backen, an der auch herbe und schmackhafte Äpfel beteiligt sind. Die Tarte ist mit viel Obst gefüllt und deshalb wunderbar saftig.

Reneklodenkonfitüre

1,5 kg Renekloden oder andere Pflaumen

1 große ganze Sternanisfrucht

1,5 kg Zucker

2–4 sterilisierte Einmachgläser à 250 g

Ergibt 500 g–1 kg

Die Früchte abwaschen, entstielen und in der Sonne trocknen lassen. Zusammen mit dem Sternanis und 100 ml Wasser in einem großen Topf leise köcheln lassen, damit die Schalen weich werden. Darauf achten, dass die Früchte nicht weich werden.

Den Sternanis entfernen. Den Zucker hinzufügen und die Fruchtmasse bei milder Hitze unter ständigem Rühren weiter köcheln lassen, damit sich der Zucker auflöst. Zum Kochen bringen und alle aufsteigenden Steine entfernen. 5–10 Minuten sprudelnd kochen lassen. Gelierprobe machen (siehe Seite 168).

Falls die Konfitüre noch nicht geliert, den Topf wieder aufsetzen und die Konfitüre noch weiter kochen lassen, nach ein paar Minuten wieder testen. Diesen Vorgang nötigenfalls wiederholen. Denken Sie daran, den Topf während der Gelierprobe vom Herd zu nehmen, weil die Konfitüre verdirbt, wenn sie zu lange kocht.

Wenn der Gelierpunkt erreicht ist, mit einem Schaumlöffel den Schaum abschöpfen, die Konfitüre gut umrühren und 20 Minuten ruhen lassen. Umrühren und in Gläser füllen. Sofort mit Wachspapierscheiben bedecken und mit einem Deckel verschließen.

Abkühlen lassen und bis zum Verzehr an einem kühlen, dunklen Ort aufbewahren.

Apfel-Pflaumen-Tarte

45 g zimmerwarme Butter

90 g extrafeiner brauner Zucker

1 Ei

1½ TL Backpulver

90 g Mehl

375 g gebrauchsfertiger süßer Mürbteig, Tiefkühlware aufgetaut

10 Königin-Victoria-Pflaumen, entsteint und halbiert

2 säuerliche Äpfel, z. B. Boskoop, entkernt und in Scheiben geschnitten

3 EL Aprikosenkonfitüre zum Glasieren (nach Belieben)

1 Tarteform mit herausnehmbarem Boden von 23 cm Durchmesser, gefettet

Ergibt ca. 8 Stücke

Den Backofen auf 160 °C vorheizen.

Für den Belag Butter und Zucker in einer Rührschüssel mit dem elektrischen Handrührgerät vermischen. Ei und Backpulver unterschlagen, dann behutsam das Mehl von Hand unterheben, bis alle Zutaten gleichmäßig vermengt sind.

Die Tarteform mit dem Mürbteig auslegen und überstehenden Teig an den Rändern sauber abschneiden. Die Füllung auf den Tarteboden geben und gleichmäßig verstreichen. Die Pflaumen und Äpfel auf der Masse verteilen.

Im Backofen 40 Minuten lang backen. Wenn die Tarte fertig ist, dann ist das Obst ein wenig eingesunken und die Füllung teilweise aufgegangen und goldbraun. Aus dem Ofen nehmen und ein paar Minuten lang abkühlen lassen.

In der Zwischenzeit die Aprikosenkonfitüre – falls gewünscht – in einem kleinen Topf behutsam so lange erhitzen, bis sie flüssig wird. Die Oberseite der Tarte mit der Konfitüre bestreichen und vor dem Servieren noch ein paar Minuten lang stehen lassen. Sie können die Tarte aber auch gekühlt mit Schlagsahne oder Vanillesauce servieren.

Wenn Pfirsiche reif und am saftigsten sind, dann braucht man eigentlich nur einfache Rezepte, um das Beste aus den Früchten herauszuholen. Diese rustikale Tarte ist mindestens so einfach wie lecker (und Sie benötigen nicht einmal eine Backform). Sie können die Pfirsiche aber auch einfach im Backofen rösten und mit einer großzügigen Menge Mascarpone servieren. Vanillezucker ist ganz einfach herzustellen: Geben Sie ein paar Vanilleschoten in ein Glas mit Zucker, das sie nach Bedarf mit frischem Zucker auffüllen, und lassen Sie sie dort.

Karamellisierte Pfirsichtarte

375 g gebrauchsfertiger Blätterteig, Tiefkühlware aufgetaut

4–6 reife Pfirsiche

55 g Butter

Frisch gepresster Saft von ½ Zitrone

150 g extrafeiner Streuzucker

Schlagsahne oder Crème fraîche zum Servieren

1 Teller mit ca. 28 cm Durchmesser (als Schablone)

1 Backblech

6 Portionen

Den Backofen auf 230 °C vorheizen.

Den Teig auf einer leicht bemehlten Arbeitsfläche ausrollen und mithilfe eines großen Tellers als Schablone einen Kreis mit 28 cm Durchmesser ausschneiden. Auf den Teller legen, den Teig rundherum umklappen und behutsam festdrücken, sodass ein Rand entsteht. Für 15 Minuten in den Kühlschrank oder das Gefrierfach stellen.

Die Pfirsiche schälen, falls nötig, dann halbieren, entsteinen und in dicke Scheiben schneiden. Butter, Zitronensaft und die Hälfte des Zuckers in einem Topf so lange erhitzen, bis die Butter geschmolzen ist und der Zucker sich aufgelöst hat. Die Pfirsichscheiben zugeben und behutsam schwenken. Den Teig auf ein Backblech legen und das Obst darauf verteilen. Mit dem restlichen Zucker bestreuen und im Backofen 20–25 Minuten lang backen, bis die Tarte aufgegangen, goldgelb und karamellisiert ist. Mit Schlagsahne oder Crème fraîche servieren.

Gebackene Mascarpone-Pfirsiche

4 große reife Pfirsiche

2 EL klarer Honig

150 g Mascarpone

3 EL Vanillezucker

1 EL frisch gepresster Zitronensaft

4 Portionen

Den Backofen auf 200 °C vorheizen. Die Pfirsiche halbieren, die Steine entfernen und die Früchte mit der Schnittfläche nach oben in einen Bräter legen. Mit dem Honig beträufeln und im Backofen ca. 20 Minuten lang backen, bis die Pfirsiche weich und hellgoldgelb sind.

Mascarpone mit Vanillezucker und Zitronensaft vermischen und auf die heißen Pfirsiche geben. Sofort servieren.

Pfirsiche   155

Wenn Sie saftige Pfirsiche im Überfluss haben, dann probieren Sie doch einmal diese Rezepte aus: einen Kuchen zum sofortigen Verzehr und ein Glas mit konservierten Früchten, die Sie aufbewahren und als schnelles Dessert mit Schlagsahne servieren können. Hierfür können Sie entweder gelb- oder weißfleischige Pfirsiche verwenden. Die gelbfleischigen haben einen kräftigeren Geschmack, während die weißfleischigen über ein feineres Aroma verfügen. Pfirsichhälften in Weinbrand sind ein Klassiker, aber auf diese Weise können Sie alle Fruchtarten einlegen. Versuchen Sie es einmal mit Nektarinenhälften, Kirschen, Aprikosen oder Pflaumen und ersetzen Sie den Sternanis durch eine Zimtstange oder eine Vanilleschote.

Pfirsichhälften in Weinbrand mit Sternanis

4 feste, gerade reife Pfirsiche

400 g Zucker

200 ml Weinbrand

1 ganze Sternanisfrucht

1 Einmachglas à 500 ml (siehe Anmerkung auf Seite 4)

Ergibt 500 ml

Die Pfirsiche in einer großen Schüssel mit kochendem Wasser bedecken. Nach 2 Minuten das Wasser weggießen und die Pfirsiche schälen. Die Früchte halbieren und in reichlich siedendem Wasser 1–2 Minuten lang pochieren, bis sie gerade weich sind. Mit einem Schaumlöffel herausheben und auf Küchenpapier abtropfen lassen.

500 ml der Pochierflüssigkeit in einen Topf geben. 300 g Zucker hinzufügen und bei milder Hitze erwärmen, bis sich der Zucker aufgelöst hat. Anschließend aufkochen und 7 Minuten lang kochen lassen.

Die Pfirsichhälften nebeneinander in eine Schale legen, mit dem kochenden Sirup übergießen und 24 Stunden lang ziehen lassen.

Danach den Sirup abgießen und in einen Topf füllen, 100 g Zucker hinzufügen. Langsam zum Sieden bringen, anschließend 2 Minuten lang kochen lassen. Die Flüssigkeit über die Pfirsiche gießen, abkühlen lassen und zugedeckt weitere 2 Tage ruhen lassen. Danach die Pfirsichhälften in ein sauberes 500-ml-Glas schichten.

200 ml Sirup in einen Messbecher füllen und mit 200 ml Weinbrand vermischen. So viel von der Flüssigkeit über die Pfirsiche gießen, dass sie bedeckt sind. Den Sternanis hinzufügen. Vor der Verwendung mindestens 1 Monat ruhen lassen.

Verkehrter Pfirsichkuchen

4 große Pfirsiche

125 g weiche Butter

185 g feiner brauner Zucker

3 Eier, getrennt

185 g Mehl

2 TL Backpulver

250 g saure Sahne

Puderzucker zum Bestäuben

Sahne zum Servieren (nach Belieben)

1 Springform mit 23 cm Durchmesser, leicht gefettet und den Boden mit Backpapier ausgelegt

Ergibt ca. 8 Stücke

Den Backofen auf 180 °C vorheizen. Die Pfirsiche vierteln und entsteinen. Den Boden der vorbereiteten Backform mit den Früchten auslegen und beiseite stellen.

Butter und Zucker mit dem elektrischen Handrührgerät so lange verquirlen, bis sich der Zucker vollständig aufgelöst hat. Die Eigelbe einzeln hinzufügen und jeweils 1 Minute lang schlagen. Das mit Backpulver vermischte Mehl und die saure Sahne unterheben.

Eiweiße steif schlagen. Mit einem großen Metalllöffel den Eischnee in 2 Portionen unter den Teig heben. Die Mischung über die Pfirsiche geben und glatt streichen. Im Backofen 40–45 Minuten lang goldgelb backen.

10 Minuten lang in der Backform, dann auf einer Kuchenplatte abkühlen lassen. Mit Puderzucker bestäuben und noch warm mit flüssiger Sahne servieren.

Diese beiden sommerlichen Gerichte stecken voller süßer, reifer Früchte. Bei beiden Rezepten können die Nektarinen durch Pfirsiche, Pflaumen oder Aprikosen ausgetauscht werden. Unabhängig davon, welche Früchte Sie verwenden, schmeckt der Blechkuchen am besten am Tag seiner Zubereitung. Crumbles gelten normalerweise als wärmende winterliche Süßspeise, aber diese köstlich leichte, nussige Version bringt die sommerlichen Nektarinen perfekt zur Geltung. Für die Zubereitung benötigt man nur sehr wenig Zeit, und mit Eiscreme schmeckt der Auflauf fantastisch.

Nektarinen-Heidelbeer-Kuchen mit Lavendel

3 große Eier

200 g extrafeiner Streuzucker

175 g Mehl, gesiebt

3 TL Backpulver

½ TL Vanilleextrakt

175 g weiche Butter in Stückchen

½ EL getrocknete Lavendelknospen

3 reife, aber feste Nektarinen

200 g Heidelbeeren

1 EL Polenta

Lavendelzucker

½ EL getrocknete Lavendelknospen

2 EL extrafeiner Streuzucker

Geriebene Schale von 1 Zitrone

1 20×33 cm große Backform, 3–4 cm tief, mit Backpapier ausgelegt und leicht gebuttert

14 Portionen

Den Backofen auf 180 °C vorheizen.

Eier, Zucker, Mehl, Backpulver, Vanilleextrakt, Butter und Lavendel mit dem elektrischen Handrührgerät in einer Rührschüssel verrühren. Die Nektarinen entsteinen, in mundgerechte Stücke schneiden und zusammen mit den Heidelbeeren unter den Teig rühren.

Den Boden der vorbereiteten Backform mit der Polenta und ganz wenig Mehl bestäuben. Die Mischung in die Backform füllen und glatt streichen.

Für den Lavendelzucker alle Zutaten in einer Schüssel miteinander vermischen und gleichmäßig über den Kuchen streuen.

Im Backofen ca. 35 Minuten lang backen, bis der Kuchen aufgegangen und goldbraun ist. In der Backform abkühlen lassen und anschließend aufschneiden.

Sommerlicher Nektarinen-Pistazien-Crumble

70 g ganze Pistazien, grob gehackt

50 g blanchierte Mandeln

60 g Hafermehl

50 g kalte Butter in Stückchen

60 g Mehl

50 g feiner brauner Zucker

6 Nektarinen

Vanilleeis oder Crème double zum Servieren

1 Backblech, mit Backpapier ausgelegt

6 Portionen

Für den Streuselbelag Pistazien und Mandeln in einer Küchenmaschine grob zerkleinern. In eine Schüssel füllen, Hafermehl und Butter hinzufügen und die Zutaten mit den Fingern so lange verreiben, bis die Mischung grobem, nassem Sand ähnelt. Mehl und Zucker hinzufügen und untermischen. Bedecken und bis zur Verwendung kalt stellen.

Den Backofen auf 220 °C vorheizen.

Die Nektarinen halbieren, entsteinen und auf das Backblech legen. Den Streuselbelag gleichmäßig darüberstreuen und alles im Backofen 10–15 Minuten lang backen, bis das Obst weich und saftig ist und der Belag eine sanft goldene Farbe angenommen hat. Noch warm mit Eiscreme oder Crème double servieren.

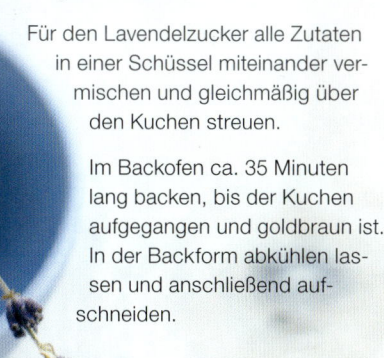

Normalerweise befindet sich das Obst bei einem Auflauf wie hier unten in der Form und der dickflüssige Teig wird darüber gegossen oder gelöffelt. Da bei diesem Rezept aber die Früchte im Mittelpunkt stehen, sollten Sie zuerst den Teig in die Form gießen. Sie können sämtliche saftigen Früchte verwenden, und auch mit Beeren schmeckt der Auflauf sehr gut. Der Aprikosen-Betty ist ein weiterer wunderbarer Obstauflauf. Wenn Sie die Geduld dafür haben, können Sie die Aprikosensteine knacken und die Kerne aus dem Inneren nehmen. Diese haben eine große Ähnlichkeit mit Bittermandeln. Wenn man sie hackt und mit den Semmelbröseln röstet, schmeckt das fantastisch.

Gebutterter Aprikosen-Betty

675 g frische Aprikosen

100 g Butter in Stückchen

150 g frische Semmelbrösel, leicht geröstet

2 EL heller Zuckerrübensirup

100 ml Orangensaft

50 g extrafeiner Streuzucker

1 mittelgroße, feuerfeste, hohe Pasteten- oder Souffléform

1 großer Bräter

4 Portionen

Den Backofen auf 190 °C vorheizen.

Die frischen Aprikosen halbieren und entsteinen. Eine tiefe Pasteten- oder Souffléform buttern und den Boden mit einer Schicht Aprikosen auslegen.

4–6 Esslöffel Semmelbrösel für den Belag zurückbehalten. Die Aprikosen in der Form mit ein paar Semmelbröseln bestreuen und mit ein paar Butterstückchen belegen. Eine weitere Schicht Aprikosen in die Form legen und mit den Schichten so fortfahren, bis Aprikosen und Semmelbrösel aufgebraucht sind. Die zurückbehaltenen Semmelbrösel als oberste Schicht verwenden.

Sirup mit Orangensaft erwärmen und über den Auflauf gießen. Mit Zucker bestreuen und den restlichen Butterstückchen belegen.

Die Souffléform in einen Bräter stellen und so viel kochendes Wasser einfüllen, dass die Form zur Hälfte im Wasser steht. Im Backofen 45 Minuten lang backen, bis die Aprikosen weich sind und die Oberfläche braun und knusprig ist. Noch warm (nicht heiß) mit Sahne servieren.

Aprikosen-Mandel-Auflauf

600 g frische Aprikosen

150 g extrafeiner brauner Zucker

Mandelteig

200 g Mehl

3 TL Backpulver

1 Pr Salz

100 g gemahlene Mandeln

ca. 350 ml Milch

4 EL zerlassene Butter

30 g blanchierte Mandeln

1 große antihaftbeschichtete Backform

4–6 Portionen

Den Backofen auf 190 °C vorheizen.

Aprikosen halbieren, entsteinen und mit 100 g Zucker vermischen. Beiseite stellen.

Mehl, Backpulver, Salz und 50 g Zucker in eine Schüssel sieben. Gemahlene Mandeln, Milch und zerlassene Butter einrühren und alles zu einem glatten, dickflüssigen Teig verquirlen. In eine leicht gebutterte Backform gießen. Die Aprikosen mit der Schnittfläche nach oben unregelmäßig und leicht schief in den Teig drücken. In jede Aprikosenhälfte eine Mandel legen.

Den Auflauf auf mittlerer Schiene im Backofen 25–30 Minuten lang backen, bis der Teig aufgegangen und goldbraun ist.

Aus dem Ofen nehmen und leicht abkühlen lassen. Mit Vanilleeis servieren.

Diese sommerliche Rolle ist eine Wucht! Einmal zusammengesetzt, hält sie sich bis zum Servieren ein paar Stunden lang. Bewahren Sie sie an einem kühlen Ort auf, aber nicht im Kühlschrank. Für einen ganz besonderen Look können Sie mit einem Spargelschäler Späne von einer Tafel weißer Schokolade abhobeln und über die Rolle streuen.

Aprikosenrolle
mit weißer Schokolade

Den Backofen auf 190 °C vorheizen.

Die Eier in eine große hitzebeständige Rührschüssel aufschlagen, Zucker und Safran hinzufügen. Die Zutaten über einem Wasserbad mit dem elektrischen Handrührgerät ca. 5 Minuten lang schlagen, bis die Masse hell und leicht ist. Die Schüssel vom Topf nehmen. Mit einem großen Metalllöffel behutsam das Mehl mit dem Backpulver unterheben.

Den Teig auf das vorbereitete Backblech geben und vorsichtig gleichmäßig verstreichen. Mit den Mandelblättchen bestreuen. Im Backofen in 12–15 Minuten goldgelb backen. In der Zwischenzeit ein großes Brett mit einem Bogen Backpapier belegen und den Puderzucker gleichmäßig darübersieben.

Den fertigen Biskuit aus dem Ofen nehmen und 10 Minuten lang ruhen lassen. Mit einem kleinen scharfen Messer die Ränder umfahren und auf das mit Puderzucker bestäubte Backpapier stürzen. Das Backblech entfernen, das mitgebackene Papier abziehen. Die Biskuitplatte von einer der kurzen Seiten her aufrollen, das gezuckerte Backpapier mit aufrollen. Unter Umständen müssen Sie die Teigplatte am Anfang einmal quer einschneiden, damit Sie leichter mit dem Aufrollen beginnen können. Im gerollten Zustand vollständig abkühlen lassen.

Für die Aprikosenfüllung alle Zutaten in einen Topf geben und offen 10 Minuten lang sanft köcheln lassen. Die Aprikosen sollen weich sein, aber noch ihre Form besitzen. Abkühlen lassen und kalt stellen.

Für die weiße Schokoladencreme die Schokoladenstücke und 2 Esslöffel der Crème fraîche in eine kleine hitzebeständige Schüssel geben und über einem Wasserbad unter gelegentlichem Rühren schmelzen lassen. Die Schüssel vom Topf nehmen und etwas abkühlen lassen. Die Crème double in einer anderen Schüssel halbsteif schlagen, dann die restliche Crème fraîche und die abgekühlte Schokolade unterrühren.

Die Biskuitplatte auf einem großen Brett auseinanderrollen. Mit der Schokoladencreme bestreichen, die Aprikosenfüllung darauf verteilen. Aufrollen und mit Puderzucker bestäuben.

4 große Eier

100 g extrafeiner Streuzucker

2 Pr Safranfäden

100 g Mehl, gesiebt

1 TL Backpulver

3 EL Mandelblättchen

1 EL Puderzucker und etwas zusätzlich zum Bestäuben

Aprikosenfüllung

Samen von 4 Kardamomkapseln, zerstoßen

1 EL Orangenblütenhonig

1 EL frisch gepresster Zitronensaft

8 Aprikosen, entsteint und fein gehackt

Weiße Schokoladencreme

75 g weiße Schokolade, in Stückchen gebrochen, und etwas zusätzlich (nach Belieben)

175 g Crème fraîche

200 g Crème double

1 24 × 37 cm großes Backblech, 2,5 cm tief, geölt, den Boden mit Backpapier ausgelegt

10–12 Portionen

Pfirsich-Kirsch-Törtchen
mit Vanillesahne

100 g Mehl

75 g weiche Butter in Stückchen

40 g Puderzucker, gesiebt

1 Eigelb

Belag

1 Vanilleschote, längs
aufgeschlitzt

125 g kalte Crème double oder
Schlagsahne

2 EL Puderzucker und etwas
zusätzlich zum Bestäuben

2 reife, aber feste Pfirsiche,
entsteint und in Scheiben
geschnitten

100 g Kirschen, entsteint und
halbiert

1 Spritzer Zitronensaft

2 EL frisch geschnittene
Basilikumblätter

*1 Backblech, mit Backpapier
ausgelegt*

4 Portionen

Das ist ein besonders hübscher Kuchen für den sommerlichen Kaffee im Garten. Die Törtchen können jedoch auch mit anderem Obst zubereitet werden, das gerade Saison hat. Erdbeeren und Himbeeren zum Beispiel ergeben mit ein wenig fein geschnittener Zitronenverbene einen tollen Belag. Oder probieren Sie doch einmal dünne Scheiben gebackener Quitte und eine Handvoll Brombeeren, bestreut mit gerösteten Nüssen – eine wundervolle herbstliche Variante.

Mehl, Butter, Zucker und Eigelb mit dem elektrischen Handrührgerät vermischen. Falls die Zutaten sich nicht zu einem Teig verbinden, bearbeiten Sie die Masse mit einem Teigschaber oder von Hand. Den Teig auf eine leicht bemehlte Arbeitsfläche geben und zu einer Kugel formen. Diese zu einer Scheibe drücken, in Frischhaltefolie wickeln und für 15 Minuten in den Kühlschrank legen.

Den Backofen auf 190 °C vorheizen.

Den Teig auf einer leicht bemehlten Arbeitsfläche zu einer Platte mit 15 cm Durchmesser ausrollen oder drücken.

Den Teig auf das vorbereitete Backblech legen und im vorgeheizten Backofen 10–12 Minuten lang backen, bis der Teig fest und an den Rändern goldgelb ist. Vollständig abkühlen lassen.

Für den Belag das Mark aus der Vanilleschote in eine Schüssel kratzen. Mit der Sahne und der Hälfte des Puderzuckers halbsteif schlagen.

Die Pfirsichscheiben und die Kirschhälften mit Zitronensaft, Basilikum und dem restlichen Puderzucker vermischen.

Den abgekühlten Mürbteig mit ein wenig Puderzucker bestäuben, mit der Sahne bestreichen und mit dem Obst belegen. Sofort servieren.

Wer hat denn behauptet, in der Sommerküche gäbe es keine Seelenwärmer? Hier sind zwei wunderbare gebackene Süßspeisen: ein klassischer französischer Clafoutis und eine moderne Interpretation eines alt-modischen Strudels. Frischer Ricotta, reife Kirschen und knuspriger Filoteig werden mit großem Erfolg kombiniert.

Kirsch-Ricotta-Strudel

500 g frische Kirschen, entsteint

60 g Puderzucker und etwas zusätzlich zum Bestäuben

2 TL Stärkemehl

100 g gemahlene Mandeln*

150 g frischer Ricotta

8 Platten Filoteig, Tiefkühlware aufgetaut

75 g Butter, zerlassen

8 Portionen

Die Kirschen mit 1 Esslöffel Puderzucker und dem Stärkemehl in einer Schüssel vermischen und unter häufigem Umrühren 30 Minuten lang ziehen lassen. Den Backofen auf 220 °C vorheizen.

Gemahlene Mandeln und 2 Esslöffel Puderzucker vermischen. In einer separaten Schüssel Ricotta und restlichen Puderzucker vermischen. Beiseite stellen. Ein Backblech in den vorgeheizten Backofen schieben und heiß werden lassen. (Dadurch verhindert man, dass der Filoteig unten durchweicht.)

Eine Teigplatte auf einen Bogen Backpapier legen. Mit zerlassener Butter bestreichen, bis der Teig glänzt. 1–2 Esslöffel Mandel-mischung über den Teig streuen. Mit den übrigen Teigplatten, der zerlassenen Butter und den Mandeln ebenso verfahren. Den Abschluss bildet die letzte Teigplatte.

Den Teig schnell mit der Ricottamischung bestreichen und dabei einen 5 cm breiten Rand frei lassen. Die Kirschen über dem Ricotta verteilen. Den Teig von der Längsseite her aufrollen und dabei die Seitenränder nach innen klappen. Mithilfe von Backpapier den Strudel mit der Naht nach unten auf das heiße Backblech setzen. Im Backofen in 12–15 Minuten goldgelb backen.

Aus dem Ofen nehmen und kurz abkühlen lassen. Großzügig mit Puderzucker bestäuben, in Scheiben schneiden und servieren.

*Sie können gemahlene Mandeln abgepackt kaufen oder die Mandeln selbst mahlen. Das dauert nur ein paar Minuten, und der vollere, intensivere Geschmack rechtfertigt den Aufwand. Die Mandeln einfach auf ein Backblech legen und im vorgeheizten Backofen bei 180 °C 5 Minuten lang rösten. Abkühlen lassen und in der Küchen-maschine zerkleinern.

Mandel-Kirsch-Clafoutis

100 g blanchierte Mandeln

1 Vanilleschote (nach Belieben)

3 EL Mehl

225 g extrafeiner Streuzucker

4 Eier

2 Eigelb

250 g Sahne

250 g Kirschen, halbiert und entsteint

1 runde feuerfeste Auflaufform mit 20–23 cm Durchmesser

4 Portionen

Den Backofen auf 220 °C vorheizen.

Die Mandeln auf einem Backblech im Backofen in 6–8 Minuten goldgelb rösten. Herausnehmen und abkühlen lassen. Anschließend in eine Küchenmaschine geben. Das Vanillemark auskratzen, hinzufügen und alles zu einem groben Mehl verarbeiten. Mehl und Zucker mit den Mandeln vermischen. Eier, Eigelbe und Sahne ebenfalls hinzufügen und alles zu einem glatten, dickflüssigen Teig verarbeiten. In einer Schüssel zugedeckt bis zur Verwendung kalt stellen. Im Kühlschrank hält sich der Teig 2 Tage lang.

Den Boden einer Auflaufform mit den halbierten Kirschen auslegen. Vorsichtig den Teig über die Kirschen gießen. (Im Kühlschrank auf-bewahrter Teig muss noch einmal kräftig durchgerührt werden.) Falls nötig, die Kirschen noch einmal gleichmäßig verteilen.

Im Backofen 25 Minuten lang backen, bis der Clafoutis aufgegan-gen und goldbraun ist. Vor dem Servieren ein paar Minuten lang abkühlen lassen. Der Auflauf wird dadurch ein wenig einsinken. Noch heiß mit Vanilleeis servieren.

Italienische Feigenkonfitüre

1,5 kg feste schwarze Feigen

Frisch gepresster Saft
von 2 Zitronen

1,2 kg Zucker

1 Päckchen Vanillezucker
(nach Belieben)

3–4 verschließbare sterilisierte
Einmachgläser (siehe Anmerkung auf Seite 4)

Wachspapierscheiben

Ergibt 750 g–1 kg

Reife Feigen schmecken zwar auch so, wie sie sind, köstlich, aber durch das Kochen kommt ihre Süße erst richtig zur Geltung. Für diese herrliche Feigenkonfitüre sollten Sie nur runde, feste Früchte verwenden. Sie können auch grüne Feigen verwenden, sollten diese aber zuvor schälen. Die Konfitüre schmeckt großartig auf knusprigem Brot mit Butter, auf Brioche oder Toast zum Frühstück, ist aber auch eine tolle Füllung für Marmeladentörtchen.

✳ Tipp

Dies hier ist eine einfache Methode, um ohne Zuckerthermometer den Gelierpunkt von Konfitüre herauszufinden: Wenn die Konfitüre kocht, fängt sie irgendwann an, dicker und sirupartiger zu werden. Nehmen Sie jetzt den Topf von der Kochstelle und geben Sie einen Teelöffel Konfitüre auf eine gekühlte Untertasse. Lassen Sie die Konfitüre 5 Minuten lang stehen und berühren Sie sie anschließend mit dem Finger. Wenn sich die Oberfläche kräuselt, ist die Konfitüre fertig. Wenn nicht, stellen Sie den Topf wieder auf den Herd, kochen Sie die Konfitüre weiter und machen Sie alle 4–5 Minuten eine Gelierprobe.

Die Feigen abreiben und in winzige Stücke schneiden. Mit dem Zitronensaft und 200 ml Wasser in einem Topf bei mittlerer Hitze ca. 20–30 Minuten lang weichkochen. Wenn die Schalen jetzt nicht so lange gekocht werden, bis sie weich sind, dann werden sie später zäh, wenn man sie mit dem Zucker kocht. Den Zucker hinzufügen und bei milder Hitze so lange kochen, bis sich der Zucker aufgelöst hat. Den Vanillezucker einrühren, die Masse aufkochen und ca. 5–10 Minuten lang kochen lassen, bis der Gelierpunkt erreicht ist.

Den Topf von der Kochstelle nehmen und eine Gelierprobe durchführen. Wenn die Konfitüre noch nicht fertig ist, den Topf wieder aufsetzen, die Konfitüre weiterkochen lassen und nach ein paar Minuten noch einmal testen. Diesen Vorgang so oft als nötig wiederholen und während jeder Gelierprobe den Topf von der Kochstelle nehmen.

Wenn der Gelierpunkt erreicht ist, mit einem Schaumlöffel den Schaum abschöpfen, die Konfitüre gut durchrühren und anschließend 20 Minuten lang ruhen lassen, damit sich das Obst setzen kann. Umrühren und in saubere, trockene, warme Gläser füllen. Sofort mit Wachspapierscheiben bedecken. Mit einem Deckel verschließen. Abkühlen lassen und bis zur Verwendung an einem kühlen, dunklen Ort aufbewahren.

Variante Experimentieren Sie doch einmal mit Pfirsichen, Nektarinen oder Kiwis. Diese Früchte müssen allerdings meist nicht so lange kochen.

Muskateller ist eine Rebsorte, aus der sich köstlich süße und sirupartige Dessertweine herstellen lassen, die in Italien als „Moscato" und in Spanien als „Moscatel" bekannt sind. Egal, für welchen Sie sich entscheiden, das Ergebnis bleibt dasselbe: ein aromatisches und leichtes Dessert, das unter Garantie begeistern wird.

Würzige Muskateller-Feigen

250 ml Muskateller-Wein (süßer Dessertwein)

125 g extrafeiner Streuzucker

1 Vanilleschote

2 Kardamomkapseln, leicht zerdrückt

2 Streifen Orangenschale

8 frische grüne Feigen

4 Portionen

Alle Zutaten außer den Feigen in einem mittelgroßen Topf bei starker Hitze aufkochen. Anschließend die Temperatur reduzieren. Die Feigen in den Topf geben und zugedeckt bei mittlerer Hitze 20–25 Minuten lang kochen, bis die Feigen sehr weich sind. Die Feigen mit einem Schaumlöffel aus dem Topf nehmen und beiseite stellen.

Die Flüssigkeit wieder zum Kochen bringen und 8–10 Minuten lang kochen lassen, bis sie dickflüssig und sirupartig ist.

Pro Person zwei mit Sirup beträufelte Feigen servieren.

Weiches Obst

Erdbeer-Tiramisu 🌿 Erdbeeren in Cava-Rosado-Gelee
Erdbeer-Buttermilch-Kuchen 🌿 Sommerfrüchte-Muffins
mit weißer Schokolade 🌿 **Erdbeerkonfitüre** 🌿 Erdbeeren
mit schwarzem Pfeffer 🌿 **In Schokolade getauchte
Erdbeeren** 🌿 Eton Mess mit Erdbeeren 🌿 **Himbeer-
Mandel-Tarte** 🌿 Kleine Himbeer-Rosen-Aufläufe
Ungekochte Himbeerkonfitüre 🌿 Himbeercreme
Brombeer-Crumble 🌿 Brombeer-Brioche-Auflauf
Heidelbeer-Granny-Smith-Auflauf 🌿 Heidelbeer-Zimt-
Torte 🌿 **Rhabarber-Clafoutis** 🌿 Erdbeer-Rhabarber-
Joghurt mit Rosenaroma 🌿 **Rhabarber-Streusel-Törtchen**

Diese beiden fruchtigen Desserts werden Ihre Gäste auf dem Sommerfest mit Sicherheit begeistern. Ein üppiger italienischer Klassiker wurde mit frisch gepflückten Erdbeeren sommerlich akzentuiert. Etwas leichter kommt das Gelee aus spanischem Cava-Rosado und Erdbeeren daher – eine delikate und hübsche Nachspeise.

Erdbeer-Tiramisu

400 g frische reife Erdbeeren

5 Amaretti (italienische Mandel-kekse)

2 große Eier, getrennt

40 g extrafeiner Rohzucker (unraffinierter Zucker)

¼ TL Vanilleextrakt

4 EL weißer Rum

250 g zimmerwarmer Mascarpone

3 EL Schlagsahne

100 ml gepresster Apfelsaft

100 g Löffelbiskuits

1 mittelgroße tiefe Dessert-schüssel aus Glas

6 Portionen

Die Erdbeeren entstielen. 100 g davon fein hacken. Die übrigen Erdbeeren in Scheiben schneiden und beiseite stellen. Die Amaretti in einen Plastikbeutel geben, diesen verschließen und die Kekse mit einem Nudelholz zu groben Krümeln zerkleinern.

Die Eigelbe in einer Schüssel mit dem elektrischen Handrührgerät schaumig schlagen. Nach und nach den Zucker unterschlagen. Das Vanilleextrakt und 1 Esslöffel weißen Rum hinzufügen. Den Mascarpone in einer großen Schüssel mit einem Holzlöffel glatt rühren, nach und nach die Eigelbe unterschlagen. In einer separaten Schüssel die Eiweiße halbsteif schlagen. Die gehackten Erdbeeren unter die Mascarponecreme heben, anschließend vorsichtig den Eischnee unterheben.

Die Schlagsahne ebenfalls halbsteif schlagen und zusammen mit einem Drittel der Amaretti-Krümel unterheben. Den restlichen Rum mit dem Apfelsaft vermischen. Ein paar Löffelbiskuits in diese Flüssigkeit tauchen und den Boden der Dessertschüssel damit auslegen. Ein paar Erdbeerscheiben für die Dekoration zurückbehalten. Eine Schicht Erdbeerscheiben über die Löffelbiskuits legen und mit einer Schicht Mascarponecreme bedecken. Diesen Vorgang wiederholen, bis Löffelbiskuits, Erdbeeren und Mascarponecreme aufgebraucht sind. Die oberste Schicht sollte aus Mascarponecreme bestehen. Gut mit Frischhaltefolie bedecken und für mindestens 5 Stunden in den Kühlschrank stellen.

Ca. 1 Stunde vor dem Servieren das Tiramisu mit den restlichen Amaretti-Krümeln bestreuen und mit den übrigen Erdbeerscheiben dekorieren. Bis zum Verzehr im Kühlschrank aufbewahren.

Erdbeeren in Cava-Rosado-Gelee

12 Blatt Gelatine (bzw. ausreichend Gelatine für 1,1 l Flüssigkeit)

1,1 l Cava Rosado oder ein anderer Rosé-Sekt

800 g frische Erdbeeren

2–3 EL extrafeiner Streuzucker

90–125 ml selbstgemachter* oder gekaufter Zuckersirup

Sahne oder Vanilleeis zum Servieren

12 Weingläser oder Dessert-schälchen aus Glas

12 Portionen

Die Blattgelatine in einer großen flachen Schale mit 6 Esslöffeln kaltem Wasser beträufeln. 3 Minuten lang einweichen lassen. Den Sekt erhitzen, aber nicht aufkochen. Die eingeweichte Gelatine unter Rühren im Sekt auflösen, dann zum Abkühlen beiseite stellen.

Die Erdbeeren abwaschen, entstielen und vierteln. In eine flache Schüssel geben, mit dem Zucker bestreuen und ziehen lassen. Den Sekt mit Zuckersirup abschmecken. Die Hälfte der Erdbeeren auf die Gläser oder Schälchen verteilen und so viel Sekt einfüllen, dass die Erdbeeren damit bedeckt sind. Ca. 1 Stunde in den Kühlschrank stellen. Sobald das Gelee fest geworden ist, die restlichen Erdbeeren und den restlichen Sekt einfüllen. Vor dem Servieren nochmals 45–60 Minuten kalt stellen. Mit Sahne oder Vanilleeis servieren.

*Anmerkung Für den Zuckersirup 125 g Zucker in 150 ml Wasser auflösen. Behutsam in einem Topf erhitzen. Wenn der Zucker aufgelöst ist, den Sirup aufkochen und 2–3 Minuten lang köcheln lassen. Entweder sofort verwenden oder abkühlen lassen und bis zu 2 Wochen im Kühlschrank aufbewahren.

Erdbeeren   173

Süße Erdbeeren schmecken im Sommer so gut, dass man am liebsten eine ganze Schüssel davon einfach so essen würde. Obwohl man Erdbeeren am besten roh genießt, sind hier zwei Rezepte, die Sie vom Gegenteil überzeugen könnten: ein weicher, kompakter Kuchen, dem Buttermilch seine leichte und cremige Krume verleiht, und saftige Muffins voller Frucht und weißer Schokoladenstückchen. Beide sind wahrhaft köstliche Leckerbissen.

Erdbeer-Buttermilch-Kuchen

250 g Mehl	**Streuselbelag**
2½ TL Backpulver	40 g Mehl
225 g extrafeiner Streuzucker	50 g kalte Butter in Stückchen
125 g weiche Butter	95 g feiner brauner Zucker
2 Eier	
225 ml Buttermilch	*1 quadratische Backform mit 24 cm Seitenlänge, gefettet und mit Backpapier ausgelegt*
375 g Erdbeeren, entstielt, größere Exemplare halbiert	
Vanillesoße oder Crème double zum Servieren	**6–8 Portionen**

Den Backofen auf 180 °C vorheizen.

Mehl, Backpulver und Zucker in einer Schüssel vermischen. Butter, Eier und Buttermilch in einer Küchenmaschine glatt rühren. Unter Rühren die Mehlmischung zugeben und alles gut vermengen. Den Teig in eine Schüssel füllen und die Erdbeeren unterheben. In die vorbereitete Backform füllen.

Für den Streuselbelag Mehl und Butter in einer Schüssel mit den Fingern zu groben Krümeln verarbeiten. Den Zucker unterrühren.

Die Streusel gleichmäßig über dem Kuchenteig verteilen. Im Backofen in 50 Minuten goldbraun backen.

Abkühlen lassen. In Rechtecke oder Quadrate schneiden und mit Vanillesoße oder etwas Crème double servieren.

Sommerfrüchte-Muffins mit weißer Schokolade

2 Eier	**Belag**
80 g extrafeiner brauner Streuzucker	30 g Nektarine, entsteint und in Scheiben geschnitten
50 ml Pflanzenöl (z. B. Erdnuss- oder Sonnenblumenöl)	60 g Himbeeren
Ein paar Tropfen Vanilleextrakt	30 g Erdbeeren, entstielt und geviertelt
150 g Mehl	Feiner hellbrauner Zucker zum Bestreuen
1½ TL Backpulver	
1 große Nektarine, entsteint und in Scheiben geschnitten	*1 Muffinbackblech, mit 6 großen Papierförmchen ausgekleidet*
70 g Erdbeeren, entstielt und geviertelt	
70 g weiße Schokolade, gehackt	**Ergibt 6 Stück**

Den Backofen auf 180 °C vorheizen.

Eier, Zucker, Öl und Vanilleextrakt in einer Rührschüssel zu einer glatten Flüssigkeit verquirlen. Mehl und Backpulver in einer separaten Schüssel vermischen und dann unter die Flüssigkeit mischen. Erdbeeren, Nektarinen und Schokolade gleichmäßig unterrühren.

Die Muffinförmchen zu zwei Dritteln mit Teig füllen. Mit den Früchten belegen und zum Schluss mit dem Zucker bestreuen. Im Backofen ca. 25 Minuten lang backen. Öffnen Sie die Backofentür während der Backzeit nicht, weil dadurch die Muffins in sich zusammenfallen können. Sie sind fertig, wenn sie gut aufgegangen sind und sich elastisch anfühlen.

Muffins genießt man am besten ofenwarm, aber wenn Sie welche übrig haben, dann können Sie sie jederzeit in der Mikrowelle kurz erwärmen. Im Kühlschrank halten sich die Muffins in einem luftdicht verschlossenen Behälter 2–3 Tage lang.

Erdbeerkonfitüre

900 g noch leicht unreife Erdbeeren, entstielt und halbiert

750 g Einmach- oder Kristallzucker

Frisch gepresster Saft von 1 Zitrone

10 g Butter

2 sterilisierte Einmachgläser mit Deckel à 325 ml (siehe Anmerkung auf Seite 4)

Wachspapierscheiben

Ergibt 2 Gläser à 325 ml

Erdbeeren und Zucker in eine große, nicht-metallische Schüssel geben. Zugedeckt über Nacht ziehen lassen.

Am nächsten Tag den Schüsselinhalt in einem großen Einmachtopf (nicht aus Aluminium) bei sehr geringer Hitzezufuhr erwärmen, damit sich eventuell noch vorhandener Zucker vollständig auflöst. Den Zitronensaft hinzufügen und alles aufkochen. Je nach Wassergehalt der Erdbeeren die Fruchtmasse 8–25 Minuten lang kochen, bis der Gelierpunkt erreicht ist (zur Gelierprobe siehe Seite 168).

Die Butter einrühren. Ca. 20 Minuten abkühlen lassen, dann in sterilisierte Gläser füllen. Die noch warme Konfitüre mit Wachspapierscheiben abdecken und die Gläser verschließen. Kühl und dunkel aufbewahrt, hält sich die Konfitüre bis zu 6 Monate lang.

Erdbeeren mit schwarzem Pfeffer

500 g Erdbeeren

1 EL Orangenblütenwasser (nach Belieben)

1 EL extrafeiner Streuzucker

2 TL zerstoßene schwarze Pfefferkörner

4 Portionen

Die Erdbeeren entstielen und halbieren. Mit dem Orangenblütenwasser beträufeln (falls gewünscht) und mit dem Zucker und dem schwarzen Pfeffer bestreuen. Vor dem Servieren 15 Minuten lang kalt stellen.

Anmerkung Erdbeeren sollten vor dem Entstielen gewaschen und getrocknet werden, sonst saugen sie sich mit Wasser voll.

In Schokolade getauchte Erdbeeren

100 g dunkle Schokolade

100 g weiße Schokolade

12 große Erdbeeren

Backpapier

12 Holzspieße

12 Portionen

Die Schokolade in zwei separate Schüsseln geben und über einem Wasserbad schmelzen. Wenn die Schokolade geschmolzen ist, je eine Erdbeere mit der Spitze in eine der Schokoladensorten tauchen und auf das Backpapier legen. Wenn die Schokolade fest ist, die Erdbeeren auf Spieße stecken und servieren.

Eton Mess mit Erdbeeren

300 g Crème double oder Schlagsahne

200 g griechischer Joghurt

6 Baisers

16 reife, saftige Erdbeeren, halbiert

4–6 Portionen

Die Sahne in einer großen Schüssel halbsteif schlagen. Den Joghurt vorsichtig unterheben.

Über einer zweiten Schüssel die Baisers behutsam mit den Händen in kleine Stücke brechen. Die Baiserstücke und die Erdbeeren zur Joghurt-Sahne-Mischung geben und alles vorsichtig miteinander vermengen.

Die Masse mit einem Löffel in Schälchen füllen und vor dem Servieren für 20 Minuten in den Kühlschrank stellen.

Falls Sie Himbeeren im Überfluss haben: Sie lassen sich gut einfrieren und können dann später zubereitet werden. Bei diesen beiden Rezepten werden gefrorene Himbeeren verwendet, weil sie sich oft besser verarbeiten lassen. Da die Himbeer-Mandel-Tarte einen Tag nach ihrer Zubereitung besser schmeckt, kann man sie für Gäste zum sommerlichen Nachmittagskaffee ideal im Voraus zubereiten.

Himbeer-Mandel-Tarte

1 Ei

3 EL extrafeiner Streuzucker

1 EL Mehl

75 g Butter

150 g frische Himbeeren, tiefgefroren

Kalte Sahne zum Servieren (nach Belieben)

Mandelmürbteig

50 g gemahlene Mandeln

200 g Mehl

80 g extrafeiner Streuzucker

125 g kalte Butter in Stückchen

1 rechteckige Tarteform, 10 × 37 cm, leicht gefettet

6–8 Portionen

Den Backofen auf 180 °C vorheizen.

Für den Teig gemahlene Mandeln, Mehl und Zucker in eine Küchenmaschine geben. Unter Rühren die Butterstückchen einzeln zugeben, bis alles miteinander vermengt ist und die Mischung groben Semmelbröseln ähnelt. 2 Esslöffel kaltes Wasser untermischen. Nicht zu lange rühren.

Den Teig auf einer leicht bemehlten Arbeitsfläche zu einer Kugel kneten. Den Teig zwischen zwei Bögen Backpapier zu einer Platte ausrollen, die 5 cm länger und breiter ist als die Tarteform. Vorsichtig den Teig in die Form legen und mit den Fingern festdrücken, den Teig über den Rand hängen lassen. Den Boden mit einer Gabel mehrmals einstechen und im Backofen 20 Minuten lang goldgelb backen. Überstehenden Teig abbrechen.

Ei, Zucker und Mehl in einer Schüssel mit einem Schneebesen schaumig schlagen. Die Butter in einem kleinen Topf bei mittlerer Hitze schmelzen lassen, bis sie schäumt, goldbraun geworden ist und ein nussiges Aroma hat. Schnell über die Eimischung gießen und gut unterschlagen. Die Himbeeren auf dem Tarteboden verteilen. Den warmen Teig darübergießen. Im noch heißen Backofen ca. 45 Minuten lang backen, bis die Oberfläche wie goldgelbes Baiser aussieht. Vor dem Servieren 30 Minuten lang abkühlen lassen. In Stücke schneiden und nach Belieben mit kalter Sahne servieren.

Kleine Himbeer-Rosen-Aufläufe

Blütenblätter von 2 rosa oder roten Rosenblüten, gewaschen und getrocknet (nach Belieben)

50 g kalte Butter

225 g Mehl

2 TL Backpulver

1 Pr Salz

50 g extrafeiner Streuzucker (nach Möglichkeit mit Vanillearoma)

1 EL Rosenwasserextrakt

ca. 150 ml Vollmilch

600 g frische Himbeeren, die Hälfte davon tiefgefroren

Puderzucker zum Bestäuben

Sahne zum Servieren

1 antihaftbeschichtetes Muffinbackblech mit 4 Vertiefungen

4 Portionen

Den Backofen auf 220 °C vorheizen.

Die schönsten Rosenblütenblätter für später zum Dekorieren beiseite legen. Die übrigen zerkleinern. Butter, Mehl, Backpulver und Salz mit den Fingern zu feinen Krümeln verarbeiten. Zucker und zerkleinerte Rosenblütenblätter unterrühren.

Die Milch mit dem Rosenwasser vermischen und zur Mehlmischung gießen. Zu einem relativ klebrigen Teig verarbeiten. Auf einer bemehlten Arbeitsfläche ca. 1 cm dick ausrollen. 4 Kreise (mit ca. 15 cm Durchmesser) ausstechen.

Die Teigkreise in die Mulden des Bleches legen und die gefrorenen Himbeeren in den Teig drücken. Mit Puderzucker bestäuben und im Backofen 10–15 Minuten lang goldbraun backen.

Die Aufläufe aus der Backform holen, mit den Rosenblütenblättern und Puderzucker bestäuben und noch warm mit den restlichen Himbeeren und Sahne servieren.

Himbeerkonfitüre aus den frischesten und süßesten Himbeeren auf heißem, gebuttertem Toastbrot ist ein kaum zu überbietendes Vergnügen. Da diese Konfitüre nicht gekocht wird, ist sie nicht nur sehr einfach zuzubereiten, sondern der Fruchtgeschmack bleibt auch voll erhalten. Industriell hergestellter Gelierzucker ist hierfür ideal, weil das zugesetzte Pektin die Konfitüre eindicken lässt. Noch mehr Genuss erwartet Sie in Form dieser klassischen französischen Himbeercreme. Bei den Früchten können Sie allerdings variieren und verwenden, was Sie gerade da haben. Probieren Sie das Rezept doch einmal mit Erdbeeren oder einer Beerenmischung aus.

Ungekochte Himbeerkonfitüre

750 g frische Himbeeren

1 kg Gelierzucker 1:1

2 EL frisch gepresster Zitronensaft

Ergibt zwei Behälter à 500 g

Die Himbeeren in einer Schüssel mit einem Kartoffelstampfer ein wenig zerdrücken. Gelierzucker und Zitronensaft unterrühren. Mit Frischhaltefolie bedecken und in der Mikrowelle auf mittlerer Stufe 5 Minuten lang erhitzen, bis die Masse vollständig erwärmt ist.

Die Folie entfernen und behutsam umrühren, damit sich der Zucker auflöst. Über Nacht stehen lassen. Alternativ können Sie die Masse auch so lange in einem Topf erhitzen, bis sich der Zucker auflöst.

Am nächsten Tag in Tiefkühlbehälter füllen und einfrieren. Wenn die Konfitüre aus dem Eisfach genommen wurde, sollte sie im Kühlschrank aufbewahrt werden. Vor dem Verwenden auftauen lassen.

Himbeercreme

350 g Himbeeren, frisch oder tiefgefroren und aufgetaut, und zusätzlich ein Schälchen frische Himbeeren

5–6 EL extrafeiner Streuzucker, je nach Geschmack

250 g kalte Schlagsahne

1 Eiweiß von einem großen Ei

Minzzweige zum Dekorieren

4 Portionen

Die Himbeeren in einem Mixer pürieren, dann durch ein Sieb streichen. Es sollten ungefähr 200 ml Püree sein. 4–5 Esslöffel Zucker unterrühren und beiseite stellen.

Die Sahne in einer großen Schüssel mit dem elektrischen Handrührgerät steif schlagen. Beiseite stellen.

Das Eiweiß mit 1 Esslöffel Zucker steif schlagen. Eischnee und Himbeerpüree unter die Schlagsahne heben.

4 Dessertgläser zur Hälfte mit der Creme füllen. 4 frische Himbeeren beiseite legen, die übrigen Himbeeren auf die Gläser verteilen und die restliche Himbeercreme darübergeben.

Jede Portion mit einer frischen Himbeere und einem Zweig Minze dekorieren. Bis zu 6 Stunden lang kalt stellen. Kalt servieren.

Variante Statt der Schlagsahne können Sie auch Frischkäse verwenden oder halb Schlagsahne, halb Frischkäse. Die Creme kann auch mit Erdbeeren oder gemischten Beeren zubereitet werden, dann muss allerdings die Zuckermenge angepasst werden. Süßen Sie das Fruchtpüree nach und nach und schmecken Sie es zwischendurch immer wieder ab, bis es Ihnen süß genug ist.

Es gibt nichts Schöneres als einen warmen Obstauflauf mit Schlagsahne oder einer gehaltvollen Vanillesoße. Der Brombeer-Crumble ist ein Klassiker, aber
auch der köstliche und doch so einfache Brioche-Auf-
lauf ist es unbedingt wert, ausprobiert zu werden.
Die süßen und buttrigen Brioches passen sehr gut zu
den säuerlichen Brombeeren. Der dunkle, violette Saft
soll den Auflauf färben und ihm ein hübsches, marmo-
riertes Aussehen verleihen. Für beide Gerichte sollten
Sie sehr süße Brombeeren nehmen, weil die weicher
und saftiger sind.

Brombeer-Crumble

375 g Brombeeren

1 EL extrafeiner Streuzucker

1 TL Stärkemehl

130 g Mehl

75 g kalte Butter in Stückchen

60 g feiner hellbrauner Zucker

Crème double zum Servieren

*1 mittelgroße feuerfeste
Auflaufform, leicht gebuttert*

4 Portionen

Den Backofen auf 180 °C vorheizen.

Brombeeren, Streuzucker und Stärkemehl in einer Schüssel vermischen. Die Beeren in die vorbereitete Auflaufform geben und für
15–20 Minuten beiseite stellen.

Mehl und Butter in einer großen Schüssel mit den Fingern zu
groben Krümeln verarbeiten. Den braunen Zucker unterrühren.

Die Streusel gleichmäßig über die Beeren streuen und das Ganze
im Backofen 45–50 Minuten lang goldbraun backen.

Den Auflauf etwas abkühlen lassen und zum Servieren auf jede
Portion etwas Crème double geben.

✳ Tipp

Das blumige Aroma von Brombeeren lässt sich durch einen Spritzer orientalisches
Rosenwasser oder Orangenblütenessenz noch verstärken.

Brombeer-Brioche-Auflauf

4 Brioches oder die Hälfte eines
400-g-Brioche-Laibs

50 g weiche Butter

3 Eier

300 g frische Brombeeren

125 g Sahne

375 ml Vollmilch

75 g extrafeiner Streuzucker

2 EL Rohzucker

Vanilleeis zum Servieren
(nach Belieben)

6 Portionen

Die Brioches in jeweils 6–8 dünne Scheiben schneiden. Auf einer
Seite mit etwas Butter bestreichen, den Boden einer mittelgroßen
Auflaufform damit auslegen und die Scheiben leicht überlappen las-
sen. Die Hälfte der Brombeeren darauf verteilen. Mit den restlichen
Briochescheiben und den Brombeeren ebenso verfahren. Sahne,
Eier, Milch und extrafeinen Zucker in einer
Schüssel verquirlen. Die Mischung über die Bri-
oches gießen. Zugedeckt 30 Minuten lang
ruhen lassen, damit die Brioches die Flüs-
sigkeit aufsaugen können.

Den Backofen auf 180 °C
vorheizen. Den Rohzu-
cker über den Auflauf
streuen und im Backofen
in 40–50 Minuten gold-
braun backen. Noch warm
und nach Belieben mit Vanilleeis servieren.

Süße, milde Heidelbeeren passen perfekt zu säuerlichen Äpfeln. Granny Smith ist ein guter, vielseitig verwendbarer Kochapfel, da sein Fruchtfleisch beim Garen zusammenfällt. Dadurch ist er perfekt für süße Aufläufe. Oder bereiten Sie doch einmal die spektakulär aussehende Torte mit frischen Heidelbeeren zu. Backen Sie sie an dem Tag, an dem Sie diese genießen wollen, aber lassen Sie die Tortenböden vor dem Zusammensetzen und Servieren vollständig abkühlen.

Heidelbeer-Granny-Smith-Auflauf

2 säuerliche grüne Äpfel,
z. B. Granny Smith

150 g Heidelbeeren

125 g Mehl

3 TL Backpulver

115 g extrafeiner Streuzucker

250 ml Buttermilch

1 Ei

1 Vanilleschote

100 g feiner hellbrauner Zucker

Sahne zum Servieren
(nach Belieben)

6 Portionen

Den Backofen auf 180 °C vorheizen und eine mittelgroße Auflaufform gut ausbuttern. Die Äpfel schälen, entkernen und direkt in die Auflaufform in dünne Scheiben schneiden. Mit den Heidelbeeren auf dem Boden der Form verteilen.

Mehl, Backpulver und Streuzucker in eine große Schüssel sieben. Die Buttermilch und das Ei in eine separate Schüssel geben. Die Vanilleschote längs aufschlitzen und das Mark aus der Schote direkt in die Buttermilchmischung kratzen. Gut verrühren. Die Buttermilchmischung zur Mehlmischung gießen und beides gründlich miteinander verquirlen.

Den Teig über das Obst in der Auflaufform gießen. Den braunen Zucker in einem Krug in 250 ml kochendem Wasser unter Rühren auflösen. Das Zuckerwasser vorsichtig an einer Stelle seitlich in die Auflaufform gießen. Im Backofen 45 Minuten lang backen, bis sich die Oberfläche trocken anfühlt und federnd nachgibt, wenn man sie leicht berührt. Noch warm und nach Belieben mit flüssiger Sahne servieren.

Heidelbeer-Zimt-Torte

175 g weiche Butter

175 g extrafeiner Streuzucker

4 große Eier, verquirlt

1 Pr gemahlener Zimt

175 g Mehl, gesiebt

4 TL Backpulver

1 Pr Salz

225 g Heidelbeeren

Zimtguss

200 g kalter Frischkäse

100 g kalte Crème fraîche

50 g weiche Butter in Stückchen

150 g Puderzucker, gesiebt, und zusätzlich zum Bestäuben

2 TL gemahlener Zimt

2 runde Backformen mit 20 cm Durchmesser, 4 cm tief, gebuttert, der Boden mit Backpapier ausgelegt

8 Portionen

Den Backofen auf 180 °C vorheizen.

Butter und Zucker mit dem elektrischen Handrührgerät in 3–4 Minuten schaumig schlagen. Unter Rühren die Eier nach und nach hinzufügen, anschließend Zimt, Mehl, Backpulver und Salz. So lange rühren, bis alle Zutaten miteinander vermischt sind.

Den Teig auf die Backformen verteilen und gleichmäßig verstreichen. Im Backofen 20–25 Minuten lang backen, bis die Kuchen goldbraun und aufgegangen sind. 30 Minuten lang in den Backformen abkühlen lassen. Auf ein Kuchengitter stürzen, das Backpapier abziehen und vollständig abkühlen lassen.

Für den Zimtguss alle Zutaten miteinander verquirlen.

Um die Torte zusammenzusetzen, einen Tortenboden auf eine Tortenplatte legen und mit zwei Dritteln des Zimtgusses bestreichen. Drei Viertel der Heidelbeeren auf dem Guss verteilen.

Den zweiten Tortenboden auf die Heidelbeeren setzen und mit dem restlichen Guss bestreichen. Zuletzt mit den restlichen Heidelbeeren belegen und mit ein wenig Puderzucker bestäuben.

Clafoutis – ganze Kirschen in einer Eiercreme gebacken – ist eine Spezialität aus dem Limousin. Es gehört zu den besten Süßspeisen, die Frankreich zu bieten hat, und ist leicht zuzubereiten. Wenn die Kirschensaison vorbei ist, sind Pflaumen, Birnen und Äpfel ein guter Ersatz, aber mit Rhabarber schmeckt das Clafoutis ebenfalls fantastisch – fast besser als das Original. Rhabarber ist auch eine klassische Zutat in Joghurtspeisen, hier wieder in Kombination mit Erdbeeren. Diese beiden Obstsorten harmonieren fantastisch miteinander. Was für ein Glück, dass sie gleichzeitig Saison haben!

Rhabarber-Clafoutis

500 frischer Rhabarber, in 3 cm lange Stücke geschnitten

200 ml Vollmilch

200 g Crème double

3 Eier

150 g Zucker

¼ TL gemahlener Zimt

1 Pr Salz

1 Vanilleschote, längs aufgeschlitzt

50 g Mehl

1 Auflaufform mit ca. 30 cm Durchmesser, gebuttert und mit Zucker ausgestreut

6 Portionen

In einem großen Topf Wasser zum Kochen bringen und den Rhabarber darin 2 Minuten lang kochen. Abgießen und beiseite stellen.

Milch, Crème double, Eier, Zucker, Zimt und Salz in einer Schüssel gut vermischen. Das Vanillemark auskratzen und zufügen. Das Mehl hinzufügen und gründlich unterschlagen.

Den Backofen auf 200 °C vorheizen.

Den Rhabarber in die vorbereitete Auflaufform geben, den Teig über das Obst gießen. Das Clafoutis im Backofen 40–45 Minuten lang backen, bis es aufgegangen und goldbraun ist.

Erdbeer-Rhabarber-Joghurt mit Rosenaroma

400 g frischer Rhabarber

3 EL extrafeiner Streuzucker

225 g frische, reife Erdbeeren und ein paar zusätzliche zum Garnieren

2–3 EL Rosensirup oder Rosenwasser und Streuzucker

300 g griechischer Joghurt

250 g Sahne

6 Gläser oder Dessertschälchen aus Glas

6 Portionen

Den Rhabarber in Scheiben schneiden. Mit Zucker und 2 Esslöffeln Wasser in einem Topf zugedeckt bei milder Hitze aufkochen. Anschließend die Temperatur reduzieren und den Rhabarber 7–10 Minuten lang köcheln lassen, bis er weich ist. Das Obst in einem Sieb abtropfen lassen.

Die Erdbeeren entstielen, 225 g davon in einem Mixer glatt pürieren. Den abgetropften Rhabarber und 1 Esslöffel Rosensirup oder 2 Teelöffel Rosenwasser mit 1 Esslöffel Zucker hinzufügen und nochmals pürieren. Abkühlen lassen. Den Joghurt in eine große Schüssel geben. In einer separaten Schüssel die Sahne so lange schlagen, bis sie gerade ihre Form behält. Nach Belieben mit Rosensirup oder Rosenwasser und Zucker süßen. Die Hälfte der Schlagsahne unter den Joghurt heben. Die Hälfte des Fruchtpürees ebenfalls unterheben. Anschließend die restliche Schlagsahne und das restliche Fruchtpüree nur leicht untermischen.

In Gläser füllen und bis zum Servieren kalt stellen. Die restlichen Erdbeeren in Scheiben schneiden und mit etwas Rosensirup beträufeln oder mit Zucker bestreuen. Die Gläser damit dekorieren.

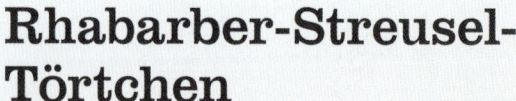

Rhabarber-Streusel-Törtchen

Teig

250 g Mehl

125 g kalte Butter in Stückchen

85 g extrafeiner brauner Zucker

1 Ei

Streusel

100 g Mehl

50 g kalte Butter in Stückchen

40 g extrafeiner brauner Zucker

Rhabarbercreme

360 g Rhabarber, geputzt und klein geschnitten

130 g extrafeiner brauner Zucker

3 Eier

Ein paar Tropfen Vanilleextrakt

130 g Crème double

1 Backblech, mit Backpapier ausgelegt

6 Tartelette-Förmchen mit 9 cm Durchmesser und herausnehmbarem Boden, gefettet

Backbohnen zum Blindbacken

Ergibt 6 Stück

Cremige Rhabarbertörtchen mit einem Belag aus zerkrümelten Butterkeksen – einfach herrlich. Statt der Butterkekse können Sie auch 170 g Shortbread zerkrümeln. Um das Gericht noch opulenter zu gestalten, servieren Sie Vanillesoße dazu. Wenn Sie viel Rhabarber haben, können Sie eine größere Menge Rhabarbermus herstellen und durch ein Sieb streichen. Dann haben Sie auch noch ein traumhaftes Püree, das Sie über die Törtchen gießen können.

Den Backofen auf 180 °C vorheizen.

Für die Streusel Mehl, Butter und Zucker in einer Küchenmaschine vermischen. Mit den Händen verkneten, auf einer leicht bemehlten Arbeitsfläche 3 mm dick ausrollen und auf das vorbereitete Backblech legen. Im Backofen in 15 Minuten goldgelb backen. Aus dem Backofen nehmen, vollständig abkühlen lassen und zerkrümeln. Beiseite stellen.

Für den Teig Mehl, Butter und Zucker im Mixer zu Krümeln verarbeiten. Die Eier hinzufügen und nochmals mixen. Den Teig herausnehmen und zu einer Kugel formen.

Den Teig auf einer leicht bemehlten Arbeitsfläche 3–4 mm dick ausrollen. Die Tartelette-Förmchen mit dem Teig auskleiden, überstehenden Teig an den Rändern sauber abschneiden. Mit den Backbohnen füllen und 10 Minuten lang bei 180 °C blindbacken, bis der Teig goldgelb ist.

Für die Rhabarbercreme den Rhabarber in einen Bräter legen, mit dem Zucker bestreuen und umrühren. Mit Folie bedecken und im Backofen bei 180 °C 20–25 Minuten lang backen, bis der Rhabarber weich ist. Aus dem Ofen nehmen, ein paar Minuten abkühlen lassen und anschließend in der Küchenmaschine grob pürieren oder mit einer Gabel zerdrücken.

Die Backofentemperatur auf 150 °C reduzieren.

Die Eier mit dem Vanilleextrakt verquirlen. Die Crème double in einem Topf bei milder Hitze unter häufigem Rühren behutsam zum Kochen bringen. Von der Kochstelle nehmen, die Eier unterschlagen und das Rhabarbermus unterrühren.

Die Tartelettes bis zum Rand mit der Rhabarbercreme füllen und im Backofen 15–20 Minuten lang backen, bis die Füllung nicht mehr wackelt, wenn man am Tartelette rüttelt. Aus dem Backofen nehmen und mit den Streuseln bestreuen. Vor dem Servieren etwas abkühlen lassen oder gekühlt servieren.

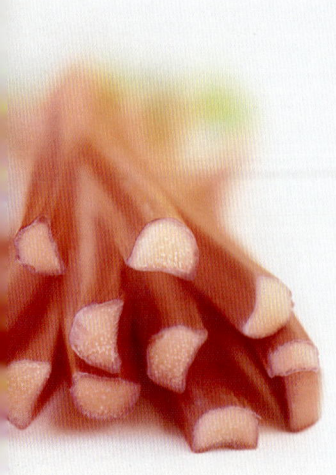

Register

Abbildungs- und Rezeptnachweis

Abkürzungen: o. = oben; u. = unten; re. = rechts;
li. = links; M. = Mitte; Hg. = Hintergrund.

Rezeptnachweis

Ghillie Basan
Seite 18 li., 31 li., 55 li., 59 re.,
63 li., 66 li., 79 li., 86, 104 li.,
113 re.

Fiona Beckett
Seite 63 re., 83 li., 84 li., 112,
147, 173 li., 173 re., 187 re.
Celia Brooks Brown
Seite 108 li., 125 u. re.

Maxine Clark
Seite 15 u. li., 23 u. re., 31 re.,
41 re., 55 re., 60 li., 69, 73
o. re., 76 li., 79 re., 89 u. li., 108
re., 125 o. re., 145, 155 li., 160
li., 160 re., 179 re., 180 li.

Ross Dobson
Seite 11 re., 12 re., 16, 21, 23
o. re., 24, 37 li., 38 re., 46 li., 46
re., 51 o. re., 64, 66 re., 70 re.,
75 li., 84 re., 93 li., 94 re., 97 li.,
97 re., 103 li., 103 re., 107 li.,
107 re., 118 li., 132 li., 134, 139
re., 144, 151 li., 156 re., 159 re.,
167 li., 167 re., 169, 174 li., 179
li., 183 li., 183 re., 184 li.

Tonia George
Seite 15 u. re., 20, 27 li., 41 li.,
60 re., 87 re., 127 re., 131 re.,
135 re., 177 o. li.

Brian Glover
Seite 114 li., 117 re., 118 re.,
120, 121, 131 li.

Amanda Grant
Seite 15 o. li., 51 o. li., 73 o. li.,
73 u. re., 87 li., 127 li., 177 u. re.

Annie Nichols
Seite 12

Jane Noraika
Seite 17 li.

Elsa Petersen-Schepelern
Seite 142 o. re.

Louise Pickford
Seite 38 li., 42 re., 73 u. li., 83
re., 101 u. re., 151 re., 155 re.,
177 o. re.

Isidora Popovic
Seite 28, 32 li., 56, 123, 104 re.,
114 re., 132 re., 152 re., 174 re.,
188

Sarah Randell
Seite 33, 146, 159 li., 163, 164,
184 re.

Annie Rigg
Seite 143 u. li.

Jenni Shapter
Seite 125 u. li.

Fiona Smith
Seite 17 re., 32 re., 65 li., 65 re.,
70 li., 76 re., 89 o. li., 98 re., 101
o. li., 109

Sonia Stevenson
Seite 15 o. re., 23 o. li., 37 re.,
143 u. re.

Linda Tubby
Seite 42 li., 45 li., 45 re., 51
u. li., 89 o. re., 135 li.

Sunil Vijayakar
Seite 94 li., 101 u. li., 113 li.

Fran Warde
Seite 125 o. li., 177 u. li.

Laura Washburn
Seite 11 li., 18 re., 23 u. li., 27
re., 49 li., 49 re., 59 li., 75 re.,
89 u. re., 93 re., 98 li., 101 o. re.,
117 li., 122, 139 li., 140, 141 li.,
141 re., 143 o. li., 148 re., 180
re., 187 li

Lindy Wildsmith
Seite 51 u. li., 148 li., 152 li.,
156 li., 168.

Abbildungsnachweis

Martin Brigdale
Seite 4, 6 u. re., 10, 18, 19, 22
o. li., 22 u. li., 30, 37, 41, 44, 45,
48 o. re., 48 u. li., 50 u. li., 54 o.
re, 56 u., 58, 62, 69, 78, 88
o. re., 88 u. re., 93, 109, 116,
122 li., 142 u. re., 154, 163, 181,
186

Peter Cassidy
Vorsatz vorne, Seite 5 li., li.,
u. M. li., u. re., 6 li., 15 o. re.,
15 u. li., 23 o. re., 23 u. li., 24
Hg., 27 li., 27 Hg., 28 Hg., 29,
32, 33 Hg., 42 beide, 46 Hg.,
49, 51 o. re., 54 o. li., 54 u. re.,
55, 56 Hg., 57, 60 Hg., 63, 66,
69 Hg., 73 li., 73 u. li., 76
Hg., 80, 82, 83 li., 84, 86 beide,
88 u. li., 89 u. li., 98
beide, 101 o. li., 101 u. li., 103,
104 o. re., 104 Hg., 105, 106
o. li., 107, 108 Hg., 110, 112 o. &
u., 114–115 alle, 119, 120, 121
li. & re., 122 re., 123 alle, 124
o. re., 125 o. re., 125 u. li., 127
li., 130, 133, 134 Hg., 135 Hg.,
136, 138, 140–141 alle, 142
u. li., 143 o. re., 143 u. li., 144 u.,
145 li., 145 re., 146 beide, 151
li. & re., 153, 155, 156 re., 160
li. & re., 169 Hg., 172, 173, 175,
176 o. re., 177 o. re., 177 u. li.,
179, 187, 189

Nicki Dowey
Seite 16 Hg., 84 Hg.

Tara Fisher
Seite 2, 6 o. re., 14 o. li., 50 o. li.,
50 u. re., 72 o. li., 72 u. re., 87 li.,
122 Hg., 124 u. li., 126, 148,
152, 156 li., 168 li., 176 u. re.

Jonathan Gregson
Seite 5 o. re., 135, 167 Hg., 173
Hg., 176 o. li., 179 Hg., 183 Hg.

Caroline Hughes
Seite 33 o. li., 48 o. li., 76, 94

Richard Jung
Vorsatz hinten, Seite 3, 5
o. M. li., o. M. re. & u. M. re., 8, 11
re., 12 Hg., 13, 16 o. li., 17 Hg.,
20 re., 21 o. li. & o. re., 22 o. re.,
25, 28, 31 li., 36, 38, 39, 46 o.
beide, 47, 48 u. re., 50 o. re., 52,
59, 65 Hg., 68, 71, 74, 79, 90,
92, 95, 96, 97, 102, 106 o. re.,
u. li., & u. re., 113 re., 117, 118,
128, 132, 134, 139 beide, 144
o., 149 li. & re., 157, 159, 166,
167, 170, 174, 182, 183, 184 li.,
188, 192

Sandra Lane
Seite 63 Hg.

Lisa Linder
Seite 66 Hg., 142 o. li., 155 Hg.

William Lingwood
Seite 54 u. li., 75
James Merrell
Seite 142 o. re.

Diana Miller
Seite 16 o. re., 17 o., 31 re., 56
o., 65, 70, 72 o. re., 77, 88 o. li.,
99, 100 o. li.

David Munns
Seite 100 o. re.

Noel Murphy
Seite 14 u. li., 21 Hg., 22 u. re.,
60, 108

Peter Myers
Seite 12, 14 o. re., 14 u. re.

Steve Painter
Seite 15 o. li., 15 u. re., 18 Hg.,
23 o. li., 23 u. re., 51 o. li., 51
u. re., 73 o. li., 73 u. re., 89 o. li.,
89 u. re., 101 o. li., 101 u. re.,
125 o. li., 125 u. re., 143 o. li.,
143 u. re., 177 o. li., 177 u. re.,
190–191

© Steve Painter
Seite 1

William Reavell
Seite 45 Hg., 120 Hg.

Claire Richardson
Seite 24, 104 o. li., 168 re.

William Shaw
Seite 124 u. re.

Yuki Sugiura
Seite 20 li., 26, 40, 61, 87 re.,
127 re., 131

Debi Treloar
Seite 124 o. li., 176 u. li.

Pia Tryde
Seite 184 re.

Simon Upton
Seite 11 li.

Ian Wallace
Seite 43, 72 u. ll., 100 u. re.

Kate Whitaker
Seite 3 Hg., 5 Hg., 7, 9, 11 Hg.,
31 Hg., 32 Hg., 33 o. re., 35, 37
Hg., 38 Hg., 41 Hg., 49 Hg., 53,
59 Hg., 64 beide, 67, 70 Hg.,
75 Hg., 79 Hg., 81, 83 Hg., 85,
87 Hg., 91, 93 Hg., 94 Hg., 97
Hg., 100 u. li., 103 Hg., 107 Hg.,
111, 112 Hg., 113 Hg., 113 li.,
117 Hg., 118 Hg., 121 Hg., 127
Hg., 129, 131 Hg., 132 Hg.,
137, 144 Hg., 145 Hg., 147, 148
Hg., 149 Hg., 150, 151 Hg., 152
Hg., 156 Hg., 158, 159 Hg., 160
Hg., 162, 163 Hg., 164 Hg.,
165, 168 Hg., 169 li. & re., 171,
174 Hg., 178, 180 Hg., 184 Hg.,
185, 187 Hg.
Polly Wreford
Seite 5 o. li., 6 u. li., 34, 83 re.,
164, 180
Francesca Yorke
Seite 188 Hg.